纐纈《こうけつ》 厚《あつし》

「戦争をする国」日本と反戦・護憲運動のこれから

「抑止力神話」「同盟信仰」の危うさ

日本機関紙出版センター

はじめに　「抑止力神話」「同盟信仰」からの脱却を

２０２２年2月24日に始まったロシアのウクライナ侵略戦争は、いまだ終息の見通しが立っていません。なにゆえ、これまで長く続くのでしょうか。１９７８年に始まる旧ソ連のアフガニスタン侵攻は、11年間も続き、アメリカのアフガニスタン侵攻は２００１年の開始から何と20年間も続きました。アメリカ、イギリスなどのイラク侵攻は、２００３年3月からおよそ2カ月間で終息しましたが、これは例外中の例外でした。

さらに遡れば、第一次世界大戦は4年間、戦争の起点を何時に求めるかによって戦争期間は異なりますが、１９３９年に始まる第二次世界大戦も6年間の歳月を得て終息しました。１９３１年9月の満州事変を起点とすれば、日本の中国侵略戦争は、実に15年間続きました。「日中15年戦争」と言われる所以《ゆえん》です。

戦争期間の長期化は現代戦争の特徴でもあります。特にロシア・ウクライナ戦争の長期化の背景には、国際政治が多層化・多極化し、それに呼応するかのように軍事ブロックの拡大・拡散という問題があるようです。本書でも繰り返し述べていますが、戦争の長期化は、国際社会の複雑さや混迷ぶりを示した現象にも思えます。

しかし、戦争の長期化が国際政治の現状を示すものだとしても、それによって数多の犠牲を強いられるウクライナの兵士と国民、恐らく強制的な動員をも含めて駆り出されるロシア兵士にとってみれば、耐えられない現実です。同時にこの戦争ゆえに最悪化の一途を辿るエネルギー問題と食料問題は、例え二国間戦争であれ多国間戦争であれ、戦争が全くの他人事でないことを示しています。自分の庭先で起こらずとも、グローバル世界で起きる現代戦は、日常生活と深く絡み合った出来事です。国際社会にあって、熱戦であれ冷戦であれ、その影響力は地球規模で拡大していくことを示しています。

それゆえ、あらためてロシアのウクライナ侵略戦争を含め、戦争の真相を探り、犠牲を強いられた人々への思いを深めると同時に、この戦争に拍車をかけるような振る舞いに強い怒りを覚えざるを得ません。特に日本ではウクライナへの民生支援は良いとしても、軍事支援の方途を探ろうとしていることは平和国家日本の振る舞いとしては賛成することはできません。

それだけでなく、日本は2015年の新安保法制の制定で「戦争のできる国」へと舵切りし、この戦争に便乗するかのように、いよいよ「戦争をする国」への準備を着々と進めている現状にあります。また、アメリカとの共同関係のなかで、対中国包囲戦略の一翼を担うことが、日本の安全保障に資するとする説明を本当に信じてよいのでしょうか。

この間「安保三文書」の読み解きに時間を割いてきた私は、日本の防衛政策なるものが、戦争加担政策にしか受け止められない事実をいくつか指摘してきました。その思いを形にしたものが本書です。

『「戦争をする国」日本と反戦・護憲運動のこれから』と題したように、本書の狙いは「戦争する国」を批判する視座を共有すること、そして反戦及び護憲運動を通して、「戦争をしない国」あるいは「戦争ができない国」へと再転換を果たすべく方途を紡ぎ出すことにあります。

そして、副題を『抑止力神話』『同盟信仰』の危うさ」としたのは、日本を「戦争をする国」へと押し上げている口実としての抑止力論と同盟論が頻繁に使用されているからです。その危うさと過ちを歴史の教訓をも踏まえて検証することに意を用いていきます。そこから敢えて「抑止力神話」と「同盟信仰」の用語を使用しています。反論を頂く言葉遣いかも知れませんが、神話と信仰の比喩を使わざるを得ないほど、日本だけではないにしても、あまりにも無頓着に軍拡や戦争を誘《いざな》う抑止や同盟の言葉が繰り返されています。そのことに強く異議申し立てしておきたいと思います。

いまだに続くロシアのウクライナ侵略。その戦争に踏み切ったロシア側にも数多の理由があるのでしょう。もちろん、ドンバス戦争と言われるウクライナ東部2州の帰属をめぐる両国の戦争を、それでも停戦に漕ぎつけた「ミンスク合意」（２０１４四年）を一方的に破棄したウクライナ側にも、例え侵略された側だとしても一定の責任もあるでしょう。両国の主張をここで吟味することが本書の目的ではありませんが、ロシアのウクライナ侵略戦争の原因の重要な一つに、本書テーマに絡めて言えば、抑止力論の破綻があるのではないか、と考えています。同時に同盟に拘り続けて軍事ブロック入りを希求するウクライナが抱える矛盾も、明らかになっているように思います。

それを、私たちは抑止力と同盟の過ちを検証する素材にすることで、この戦争の無益性を確認し、ロシアの即時撤退を最低条件とする停戦締結を訴えていくことが求められていると思います。

この戦争に便乗する日本は、いったい何から何を守るのかの原点的な問いかけを繰り返すことで、あるべき安全保障の道筋を明らかにすべきでしょう。そこではアメリカの軍事戦略に呼応することで、却って毀損される日本の安全の実態に真摯に向き合うべきであり、それがまた独立国家日本の採るべき政策だと思います。

そこで本書の内容は、先ず「戦争をする国」の宣言に等しい「安保三文書」を批判的に読み返します。そして、本書の基本テーマと言うべき抑止力論と同盟論について触れていきます。次いで、「戦争をする国」の大転換に奔走する岸田政権を批判します。その上で、「戦争をする国」から「戦争をしない国」への原点に立ち戻らせるために取り組むべき課題を論じます。そして最後に、日本の安全保障のこれからを問題提起的に触れていくことにします。少しでも読みやすくするため、全体を一問一答形式でまとめています。

さまざまな議論が錯綜する今日、こうした議論の深まりが求められています。本書をその議論の叩き台の一つにしてもらえれば幸いです。

なお、本書では国名を正式名称ではなく、アメリカ合衆国はアメリカ、中華人民共和国は中国、ロシア連邦はロシア、ウクライナ共和国はウクライナ、朝鮮民主主義人民共和国は朝鮮、大韓民国は韓国などと記すことにします。

〈目　次〉「戦争をする国」日本と反戦・護憲運動のこれから　「抑止力神話」「同盟信仰」の危うさ

1

「安保三文書」の何が問題か

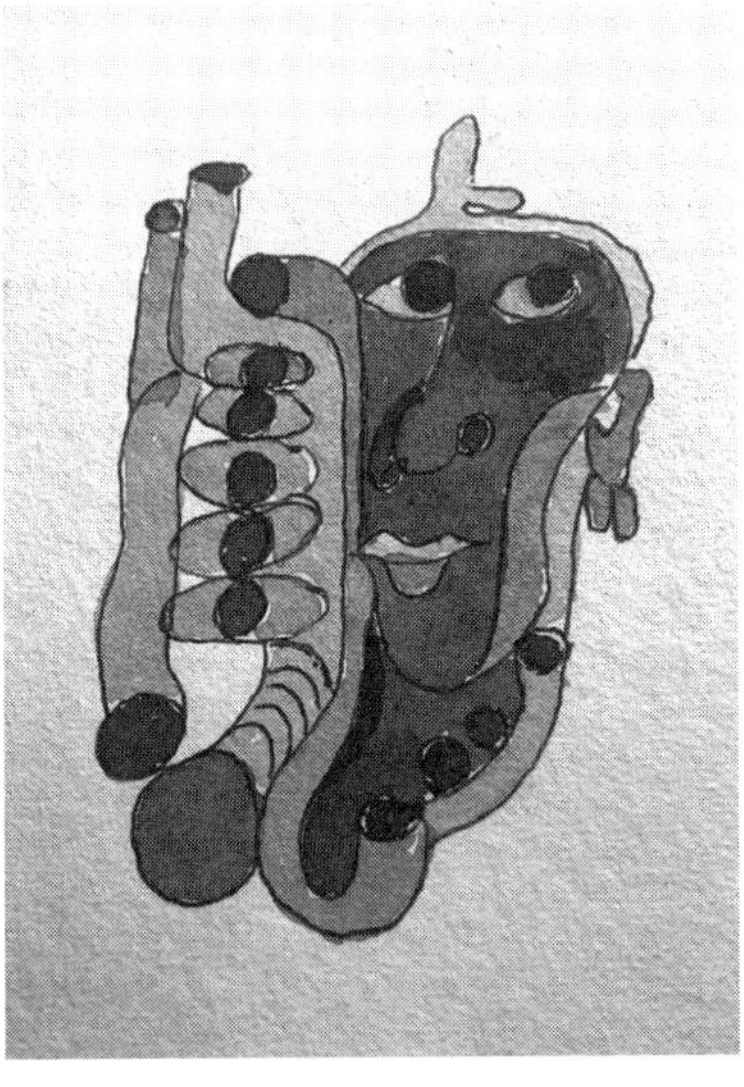

(1) 深まるアメリカの影

■「安保三文書」とは何か

Q　最初に「安保三文書」についてお話を伺《うかが》いたい。日本の安全保障政策の大転換とする位置づけは、その評価の是非に拘わらず、恐らく一致するものだと思います。では、その何が問題かについてのお話からお願いします。

A　賛否含めて、すでに多くの評価が出ていますが、最低限抑えておくべきポイントに触れてみましょう。

「国家安全保障戦略」、「防衛計画の大綱」、「中期防衛力整備計画」のいわゆる「安保三文書」は、日本の安全保障政策に大きな変容を迫る内容です。

前回は2013年12月の策定公表でした。その時の「国家安全保障戦略」には「国際協調主義に基づく積極的平和主義」が謳ってあります。そして、2018年12月策定の「防衛計画の大綱」は「多次元統合防衛力」の構築を基本的な考えとし、防衛対象を日本の陸海空の三領域に加え、宇宙・サイバー・電磁波の領域にも拡大する領域横断型の防衛力整備が強調されました。これら二つの文書は概ね10年に一度の改定が慣行となっていましたから、2023年の策定公表となったわけです。

「国家安全保障戦略」(以下、「安保戦略」と略す)が防衛戦略面の文書とすれば、「防衛計画の大綱」(以下、「大綱」と略す)は、言わば防衛戦術面の文書と区分可能です。それで以上二つの文書を具体化するために、5年毎に策定されるのが「中期防衛力整備計画」(以下、「中期計画」)です。

Q 5年前に策定公表された旧「大綱」は、どのような方針で日本の防衛力を整備しようとしていたのでしょうか。というのは、この5年間の防衛政策の変容ぶりを知るうえで押さえておきたいのですが。

A 「中期計画」では「大綱」の「基本的考え方」及び「獲得・強化すべき主な能力」を確保していくために、「基本方針」として5点を明示していました。それは、①領域横断作戦の実現に必要な能力の獲得・強化、②装備品取得の効率化・技術基盤の強化、③人的基盤の強化、④日米同盟及び安全保障協力の強化、⑤効率化・合理化を徹底した防衛力整備、です。

この五つの柱を2018年から2022年の5年間で達成することを目標とし、そのために整備に必要な全体経費として、約27兆4700億円が計上されました。これらが過去5年間にどの程度に達成されたかは厳しく評価され、それがこのたびの「安保三文書」の「中期計画」に反映されているわけです。もちろん、その評価は一律ではなく、多様な内容が混在したものとなっていますが。

また、旧「大綱」で明示された「領域横断作戦に必要な優先事業」として、宇宙、サイバー、電磁波、スタンドオフ・統合ミサイル防空などが挙げられています。このうち、宇宙作戦隊が2020年5月に、サイバー防衛隊[1]も、2014年に約300人の隊員を擁して編成されました。電磁波に絡む電子戦対応は、2020年から本格着手され、継続して対応力の向上が図られました。また、新艦増設については、「もがみ」「くまの」の2隻のFFM(フリゲート艦に多目的+機雷装備)が配備されました。

1　市ヶ谷駐屯地に所在するサイバー攻撃への対処をはじめ、関連部隊における訓練の支援を行う防衛大臣直轄の部隊（JSDF Cyber Defense Command=JCDC）。自衛隊法第21条の2「共同の部隊」および自衛隊法施行令第30条の18に設置根拠が示されている。

■肥大化する正面装備

Q　ということは旧「大綱」で目標とされた防衛力整備が確実に進められたということですね。そこから新たな「安保三文書」の「大綱」で目標とされる防衛装備も確実に進められると予測してよいのですか。

A　そう予測しても間違いないと思います。新たな「安保三文書」で特に注目され、議論の対象となっているのが敵の対空ミサイルの射程外から攻撃するスタンド・オフ・ミサイルの導入計画ですね。例えば、ノルウェーから導入予定のＪＳＭ対艦ミサイル[2]、アメリカから導入予定のＬＲＡＳＭ空対艦ミサイル[3]と、ＪＡＳＭＥＲ空対地ミサイルなど外国からの導入兵器の構想が固められました。加えて、アメリカのレイシオン社製の巡航ミサイルトマホーク４００発の購入も決まっていますね。

統合ミサイル防衛としては、先に政府が断念した地上発射型迎撃ミサイル・システムのイージス・アショアの代わりとしてイージス・システム搭載艦が２０２２年8月末、防衛省の概算要求の整備費に盛り込まれました。

そこでは2027年度の就役を目指して2隻の建造計画を公表しました。費用は2隻で5000億円以上、30年間の補修及び維持整備込みで、およそ9000億円が必要とされるとのことです。同艦は全長210m、全幅40m以下、基準排水量2万トンに及ぶ大型戦闘艦です。以上の諸計画は次期の中期計画でも継続拡充されていく見込みと思われます。過剰なまでの大型艦計画には疑問が防衛省内外からも出ているとのことです。建艦着手までに議論が繰り返されることになりそうです。

2 JSM（=Joint Strike Missile）は、ノルウェーのコングスベルグ・ディフェンス＆エアロスペースがNSMを元にF-35向けに開発中の対艦／対地／巡航ミサイル。

3 長距離対艦ミサイル（LRASM=Long Range Anti-Ship Missile）は、アメリカ海軍と国防高等研究計画局（DARPA）により開発されている対艦ミサイル・巡航ミサイル。ハープーンの後継として計画されており、生産はロッキード・マーティン社。航空機発射で800キロ、水上艦発射で560キロの射程を有する。

Q 艦艇のスケールからして、何だか大艦巨砲主義の時代を彷彿《ほうふつ》とさせるような感じですね。しかも大きさに留まらず、その武装からしても明らかに専守防衛に適《かな》う装備というより、攻撃型の艦艇のように素人目にも見えますけど。

A 海自としては軽快なフットワークを特徴とする1万トン以下の艦艇より、重厚長大な攻撃能力に優る大型艦が欲しいのでしょうね。恰《あたか》も大型艦ほど抑止力も大きいとする考えも透けて見えます。長大な日本の海岸線を防衛するためには、軍事常識からすれば小型か中型の艦艇を量的に確保した方が理に適っていると思います。しかし、そもそも海自にも専守防衛という発想がないのでしょうね。

海自もとにかくアメリカ軍と一体化し、外地で一定の作戦行動を採るための装備に注力している証拠でもあります。

■蘇《よみがえ》る戦前の国家システム

Q 「安保三文書」が戦前の「帝国国防方針」の再来とする見解を述べられているようですが、その点も少し触れてください。

A 1907年に「帝国国防方針」「国防に関する兵力」「帝国軍の用兵綱領」の文書が策定されました。これを私は「国防三文書」と呼びます。内容の類似性は明らかです。「国家安全保障戦略」は「帝国国防方針」、「国家防衛戦略」は「国防に関する兵力」、「防衛力整備計画」は「帝国軍の用兵綱領」に相当します。このなかで戦前は三度にわたり改訂されていますが、1936年6月8日の戦前最後に改訂された「帝国国防方針」の冒頭部分は以下の通りです。原文のままカタカナ書きで示しておきます。

一 帝国国防ノ本義ハ建国以来ノ皇謨《こうぼ》〔天皇が国家を統治すること〕ニ基キ常ニ大義ヲ本《もと》トシ倍々《ますます》国威ヲ顕彰シ国利民福ノ増進ヲ保障スルニ在リ

二 帝国国防ノ方針ハ帝国国防ノ本義ニ基キ名実共ニ東亜ノ安定勢力タルヘキ国力殊《こと》ニ武備ヲ整ヘ且《かつ》外交之レニ適《かな》ヒ以《もっ》テ国家ノ発展ヲ確保シ一朝有事ニ際シテハ機先ヲ制シテ速《すみやか》ニ戦争ノ目的ヲ

達成スルニ在リ（後略）[4]

ここでもう一度、日露戦争後の日本に立ち戻ってみると、当該期の日本は1902年に日英同盟を締結し、イギリスからの軍事支援を受けてロシアとの戦争に突入しました。歴史上では「戦勝国」となった日本ですが、ロシアの脅威は継続されるとの判断から、対ロシア再戦を口実に猛烈な軍拡の時代に入っていきます。その過程で1907年に国防の基本戦略を示した軍事機密文書として、「帝国国防方針」「国防に関する兵力」「帝国軍の用兵綱領」が策定された経緯があります。「国防三文書」は、陸軍と海軍とで仮想敵国の順位付けを明記し、戦争を想定して軍事戦略・軍事戦術文書は作成され、実際の政治判断を規定していったものです。

4 山田朗編『外交資料—近代日本の膨張と侵略』新日本出版社、1997年、249頁。

Q ということは、戦争を誘引した「国防三文書」が戦後の現在になって「安保三文書」となって示されたということですね。

A そういうことになりますね。確認すべきは、「国防三文書」によって軍事国家日本の行く末が決められていったように、「安保三文書」が新軍事国家日本の創出を意図したものとする判断が、それほど的外《はず》れでないこと。そして、軍事国家に適合する公文書を日本は改めて手元に据え置くことになったと言えます。まさに平和国家の創造を目途にしてきた戦後日本の歩みを、大きく変節させるものであることは確かですね。

ましてや「武備ヲ整ヘ且外交之レニ適ヒ以テ国家ノ発展ヲ確保シ」とは軍事力の強化を国家発展の原動力とする意味ですし、「一朝有事ニ際シテハ機先ヲ制シテ速ニ戦争ノ目的ヲ達成スルニ在リ」とは日本が危機に見舞われたとき、躊躇することなく戦争発動を辞さないとする方針を示したものであることです。基本的に「安保三文書」は、この基調と全く同様な文面が綴られていることです。軍事力による国家発展や平和創造が完全に失敗に帰し、同時にアジア近隣諸国への侵略や軍事占領によって加害国となった歴史事実を正面から受け止めようとしない所業ですね。

Q　それとも深く関連すると思うのですが、「安保三文書」では統合司令部の設置が示されていますが、それはどのような組織なのでしょうか。

A　少し込み入った話かもしれませんが、要するにアメリカ軍と自衛隊の一元的作戦立案指揮機能の整備強化の一環です。自衛隊組織のなかに統合司令部と名乗る、言うならば戦後版参謀本部あるいは大本営が設置されることを意味します。戦争国家日本の創出と表裏一体の関係と捉えるべきでしょう。

そのことが「防衛戦略」の第V章「将来の自衛隊の在り方」の第2項「自衛隊の体制整備の考え方」に明記されています。つまり、「統合運用の実行性を強化するため、既存組織の見直しにより、陸海空自衛隊の一元的な指揮を行い得る常設の統合司令部を創設する。また、統合運用に資する装備体系の検討を進める」(23頁)の箇所が注目ですね。ここに驚くべき自衛隊組織の改組が予定されています。

すなわち、三自衛隊を統一的に指揮運用する統合司令部（統合司令官）の設置が登場する意味は大きく、「戦争放棄・戦力不保持」を謳った平和憲法を持つ日本に事実上の戦争指導機関、戦前で言えば陸海軍統合司令部であった大本営が登場するということです。

■大本営と国家総動員体制の復活か

Q　1941年12月8日、「大本営発表　本日未明帝国海軍は西太平洋においてアメリカ、イギリス軍と戦闘状態に入れり」と、あの甲高《かんだか》い声でラジオ放送した、あの大本営ですね。

A　そこには統合司令官が軍事に専念し、統合幕僚監部が政治との調整を図る任務分担が意図されています。その意味で戦前の軍事組織に比べると、統合司令官が陸軍の参謀総長と海軍の軍令部総長、統合幕僚長が陸軍大臣と海軍大臣を合わせた役割を担うことになるでしょう。

戦前においては軍事と政治が分立しており、参謀本部と軍令部とが政治の関与を排除し、逆に武力を背景に政治に介入するケースが目立ちました。その結果として、軍事職能集団組織として「軍部」を形成し、天皇との直結の関係もあって、政策決定力を保持し、侵略戦争へと誘導していった歴史を想起せざるを得ないのです。

現在、陸上自衛隊には5個方面隊が存在します。方面隊司令は各々独立した立場に置かれていましたが、現在は5個方面隊を一括統制する総隊司令が設置されています。これは三自衛隊の統合作戦指揮権を保持する統合司令官を設置することで、アメリカとの共同作戦の円滑化と、作戦指揮と立案の権限を統合司令官の下に集中させるのが目的なのだと思われます。恐らく総隊司令も統合司令官に吸収されることになるでしょう。

Q 「安保三文書」を読んでいて、一口で言えば戦前回帰を思わせる文面が出てきて、背筋が凍る思いがしたのですが。

A 「安保戦略」の全体を通底して窺えるのは、それが国家総動員体制の構築を念頭に据えているのではないか、という怖さです。「安保戦略」では多様な方法による安全保障の確保と言いながら、最終的には「国家安全保障の最終的な担保である防衛力の抜本的な強化」（17頁）を謳っていることに示されるように、軍事的安全保障論を採用していること、加えて第VI章の（4）「我が国を全方位でシームレスに守るための取り組みの強化」は、軍事と非軍事、有事と平時の境目が曖昧になっている現状からして、言うならば〝平時の軍事化・軍事の平時化〟が射程に据えられていると言えます。これは明らかに体制としての国家総動員体制、政治システムとしての国家総力戦の概念に通底する内容です。

平時から防衛力を強化する方法として軍事面に留まらず、政治・経済・教育・技術など国家や国民の総力を挙げて防衛力を強化するとしています。これは戦前で言う国家総動員法体制の採用と同義です。戦争に備え、抑止力強化の名によって軍隊だけでなく、軍隊を支える国民の意識や思想をも一元的に統括される政治システムの構築が意図されています。そうした国家の構造や体質は、戦争を体験するごとに強化されていった戦前日本国家と同じ道を歩むが如くの状況でありますね。

Q　日本の戦前化が進むなかで、「安保三文書」が公表されるかなり以前から自衛隊の組織改編は急ピッチで進めれてきました。事実上、日米軍事一体化を推し進めるため、自衛隊の「軍隊化」が顕著です。

A　自衛隊組織改編の前例として、2015年2月22日の防衛省設置法改正がありました。改正されたのは同法第12条ですが、旧法は文官である防衛大臣を補佐する背広組（文官）と制服組（武官）との役割において文官優位性を明確にした法律です[5]。今回もこうして長年にわたり実現を望んでいた自衛隊がこれを機会にと打って出た感じですね。

しかし、改正によって文官と武官の位置関係を平等化したのです。つまり、事実上の文官優位性の解除です。日本の文民統制は、事実上は「文官統制」と言われてきましたが、それ以来、制服のトップである統合幕僚長と、防衛行政のトップである防衛大臣の権限を対等としたのです。私はそれを文民統制システムの解体として批判してきました。

5　防衛省設置法改正について詳しくは、纐纈『崩れゆく文民統制―自衛隊の現段階』（緑風書房、2019年）の「第二章　防衛省設置法改正をめぐって」を参照されたい。

■防衛費増額問題を問う

Q　ここで国民の日々の暮らしにも直結する話ですが、厳しい国家予算のやり繰りのなかで、このたび岸田政権は防衛費の大増額を決定しました。ひとこと目には「東アジアの安全保障環境が

変わったから」とする安倍元首相以来の口実が持ち出されます。

Ａ　防衛費の大増額があっという間に決められてしまったことは驚きでしたね。来年度以降５年間で43兆円、本年度防衛費伸び率26％（子ども予算２・６％の10倍の伸び率）、ローンを含めて60兆円という防衛費は、1年間平均で8兆円余りとなり、世界でアメリカ（約１２０兆円）、中国（約32兆円）に次いで世界第3位に浮上し、ロシア（約7兆円）を凌駕する額となっています。

　それだけなく防衛費の計上の仕方についても異常ですね。１００項目以上の事項要求（予算の明細を示さず、購入物品だけ提示する方式）を採用しているのです。つまり、予算だけ先に確保し、購入物品を秘匿するか、選別を後回しにするというのです。財政民主主義に悖《もと》る行為です。とにかく財源だけ先取りしておこうと奔走した結果です。

　このように防衛費（＝軍事費）の伸びの急増ぶりは異様であり、日本の経済力の困窮化に拍車をかけるものです。日本の現在の国家財政にそれだけの余裕は実際にはありません。相当の無理をして防衛財源を探さなくてはならない現状です。但し、防衛税なるものは、２０２５年度まで先送りにされたようですが。

　日本の経済力も劣化の一途を辿っています。ＩＭＦ統計に依れば、世界のＧＮＰに占める日本のＧＮＰは、10年前が16％を記録していました。ところが、２０２０年度では、６％と10％もダウンしているのです。加えて債務額が約１２５５兆円に膨らんでいます。多額の赤字国債を抱えているのです。

Q　にも拘わらず防衛費の異常な伸び率ということですが、国際比較も気になるところですね。

A　ロシアのウクライナ侵略以降、各国の軍事費の伸び率で言うと日本が26％でダントツのトップ。続いてドイツの17％、台湾の14％、イギリスの12％、アメリカの10％、フランスと中国の7％、韓国の5％となっています（『日本経済新聞』2022年1月30日付）。防衛予算の絶対額も膨大ですが、伸び率も異常です。

こうした防衛費増額に連動する国内軍事化も懸念されます。平和憲法が構想する平和社会の原理が新安保法制制定以降、悉《ことごと》く放棄されている現状の積み重ねのなかで、平和憲法機能が喪失している現実。ロシアのウクライナ侵略を背景とする世論の軍事化容認（防衛費増額容認など）の動きが強まるなかで、自民党の改憲四項目における「自衛隊加憲」が最優先される実態が進む可能性があります。その一方で与党間及び野党間での自衛隊の位置づけをめぐる乖離が今後一層浮き彫りになりましょう。

■アメリカ軍事戦略との一体性と中国敵視論

Q　次に触れて欲しいのは、「安保三文書」が日本の防衛政策について書き込まれたものとしても、その背後にやはりアメリカ軍の戦略方針との調整や連携の成果という側面があるのではとする疑問です。

A　その通りですね。いまや日本の外交防衛が日本一国だけで案出されるものではなく、すでに当然のように論じられているアメリカとの一体化構想を背景として書き込まれていることは、公表の経緯や作成過程からしても明白となっています。

表向きは、2022年1月から「安保三文書」の改訂に向け、元防衛省や元国家安全保障局長、大学教授や財界の有識者ら計52名を招き、52回にわたり意見交換が実施されたという（『朝日新聞』（2022年9月27日付）。そこで検討された内容は未公開のままですが、それは体《てい》のいいアリバイ工作に近いものですね。出席者の意見がどこまで反映されているか未公開会議ですので不明です。それよりも「安保三文書」がアメリカの軍事戦略をベースにして書き込まれていることは間違いのないところです。

Q　中国に恒常的な軍事恫喝をかけ続けることに重きを据えたものだということですね。そもそもアメリカの対中国包囲戦略なるものは、一体いつごろから何を背景にして打ち出されたきたものでしょうか。

A　「安保三文書」が改訂内容を直接的に規定するものが、アメリカの対中国包囲戦略と一括して表現される軍事戦略です。その中心となる事項が、2018年10月12日に公表されたアメリカの「国家安全保障戦略」です。そこには中国とロシア、それに朝鮮への厳しい姿勢が貫かれ、中国は世界秩序を変えようとする「修正主義勢力」、ロシアは「甦《よみがえ》った悪者」、朝鮮は「ならず者」と明記されています。ライバルの確定によって陣営内の各国に覚悟を迫っているようにも受け取れるものです。

実は「インド太平洋戦略」には、2018年2月に作成された秘密文書「インド太平洋戦略の枠組み」の存在があり、トランプ政権最末期の2021年1月に機密指定が解除され、以上の内容がバイデン政権に受け継がれた経緯があります。インド・太平洋地域において中国を正面のライバルと見立てて、同地域に重厚な戦力配置を進めようとするものです。

Q　中国への敵視認識が示されたとのことですが、具体的に記述内容を含めて説明してください。

A　「国家安全保障戦略」の「Ⅳ　我が国を取り巻く安全保障環境と我が国の安全保障上の課題」の「2　インド太平洋地域における安全保障環境と課題」の「(2)中国の安全保障上の動向」の項で「現在の中国の対外的な姿勢や軍事動向等は、我が国と国際社会の深刻な、これまでにない最大の懸念事項であり（註略）、法の支配に基づく国際秩序を強化する上で、これまでにない最大の戦略的挑戦」[6]と明記していますね。中国の振る舞いを「最大の戦略的挑戦」と明記しているのです。

そして、この表現のベースには2022年10月12日に公表されたアメリカの「国家安全保障戦略」(NATIONAL STERATEGY、以下「新米戦略」と略す）の存在があります。そこには、「インド太平洋同盟」を履行するために「日本、韓国、フィリピン、タイとの鉄壁の関係を再確認する。同時に同盟を継続していく」[7]との強いメッセージが記述されているのです。

48頁にわたる「新米戦略」は、特に軍事領域に限定されず、国家を構成する多領域にわたる言及がなされているのです。これを軍事領域に絞って言えば、多国間軍事同盟の徹底化によるアメリカの軍事的優位性のさらなる継続化です。そして、日米関係を「鉄壁の関係」(iron-clad commitments)と位置付けています。日本の「安保戦略」は、以上で示した「新米戦略」の日本バージョンに過ぎない、と言っても過言ではないのです。

6 『令和4年12月16日 国家安全保障会議決定 閣議決定 国家安全保障戦略』、9頁。

7 同上、38頁。原文は、"We reaffirm our iron-clad commitments to our Indo-Pacific treaty allies—Australia, Japan, the Republic of Korea, the Philippines, and Thailand—and we will continue to " these alliances."（本文は纐纈訳）。

Q その戦力の中心となるものが核戦力とミサイルということですね。

A その通りです。その点で先ず取り上げるべきは、2018年2月に公表された「核態勢見直し」です。そこでは、相手方の通常戦力、つまり非核攻撃に対応するときに核で報復することを排除しないと断言しているのです。核戦力使用という場合、通例では核攻撃に対するに核兵器で報復するという、言わば対称性が前提だったのですが、通常戦力に核戦力を投入するという意味での非対称使用をも排除しない、としたのです。

それは、核使用の敷居が途端に低くなることを意味します。それゆえ、アメリカでは、低出力の核弾頭などの開発を表明し、全面核戦争に繋がるような大型核兵器ではなく、使い勝手の良いとされる小型核兵器を開発する方向を鮮明にしています。この方針により2020年2月から、広島原爆よりも低出力の核弾頭が、潜水艦発射弾道ミサイルに搭載されて実戦配備中です。

Q 少し観点を変えてのお尋ねですが、現在の中国は一体どこに向かおうとしているのでしょうか。それは実に多面的な分析が必要だと思いますが、これまでのお話の文脈の中で指摘していただきたい。

A　中国はアメリカを凌駕する超経済大国となりました[8]。中国はこの世界一となった経済力を背景に「一帯一路」など経済力による国際秩序の形成を志向していることは間違いありません。個別事象では疑似軍事的対応を採用するも、経済的安定を最優先する国家体質であり、軍事力ではなく、経済力を前面に押し出して国際秩序を先導する戦略を採用しています。

問題は中国といかに向き合うか、ですね。2022年11月4日にドイツのシュルツ首相、2023年1月4日にフィリピンのマルコス大統領の北京訪問と習近平国家主席との首脳会談を実施しましたが、そこでは中国の人権に懸念を表明しつつ、非軍事領域での関係強化を協議しています。

こうしたドイツやフィリピンの訪中外交に典型的に示されているように、「安保戦略」にある「同盟国である米国や同志国等かと共に、我が国及びその周辺における有事、一方的な現状変更の試み等の発生を抑止する」（10頁）ではなく、アメリカであれ中国であれ、同盟関係の締結によって日本の主体的かつ自立的な立場を放棄することなく、平和憲法の理念の実践・遂行に全力を挙げることが必要ではなでしょうか。中国や朝鮮を脅威国と算定し、事実上の仮想敵国として設定することは、敢えてする脅威論のなかに国民を放り込むことです。逆に安全保障上の危険な環境に身を置くことを意味するのではないでしょうか。

なお、中国が本当に日本にとって「脅威」なのかについて、次の章でも触れることにしましょう。

8　IMF（国際通貨基金）の最新の「世界経済見通し　2022年10月版）」（IMF - World Economic Outlook Databases Oct.2022）で明らかなことは、米中経済格差が顕在化していることだ。すなわち、国家の実質的な経済力が判定可能とされる購買力平価ベース（Purchasing power parity）でGNP（国民総生産）のランキングを示せば、第1位中国の27兆2960億ドル、第2位アメリカの22兆9960億ドル、第3位インドの10兆1935億ドル、第4位日本の5兆6065億ドル、第

5位ドイツの4兆883億ドル、第6位ロシアで4兆4942億ドルとなっている。さらに言えば、第7位にインドネシア、第8位にブラジルが着けており、第9位のイギリス、第10位のフランスの上にある。つまり、中国とアメリカとの経済格差は既に5兆億ドル（日本円で約550兆円）、換言すれば日本のGNPとほぼ同額の開きが生まれている。また、アメリカCIAが運営する「ワールドファクトブック」（正式名称は、The World Factbook. Travel the globe with CIA's World Factbook）のサイトでは、すでに2年前にアメリカのGDPは19兆846億ドル、中国は、23兆19億ドルと記している。

Q　ここでお尋ねするのが相応しいか少し迷うのですが、日本人及び日本メディアに露呈する中国脅威論の一つとしての「台湾有事論」についてです。ほとんどのメディアが武力攻撃を辞さないとする中国を、それゆえに警戒感と不信感とを募らせているのですが。

A　台湾の知人に「台湾有事」の言葉が日本国内ではずいぶん出回っていると言ったら、困惑した様子で「何で日本が台湾を有事（戦争）という言葉で巻き込もうとするのか。ほっといて欲しい」と言います。「台湾有事」とは、中国の武力統一論を引き合いに出して、政治宣伝の一種として煽っているものですね。

そもそも日本のメディアは、2022年10月16日開催の全国人民代表大会（全人代）での習近平主席の演説をキチンと読んでいるのか甚《はなは》だ疑わしいですね。台湾問題については、演説の最後の方で少し触れているだけです。しかも骨子は、武力統一論は台湾の全ての同胞に向けて発せられているものではなく、独立に走ろうとするグループへの牽制であると。そもそも台湾武力統一は、遡《さかのぼ》れば1955年に全人代での周恩来国務院総理（当時）が最初に口にしたもので、その周恩来も武力統一ではなく、平和統一を志向すると述べているのです。その基本路線は、現在の習体制になっても不変です。

そして、台湾の人々の7割前後が現状維持を望んでいます。独立派もいないわけではありませんが、ザックリ言えば2割前後でしょう。台湾人の中国人との交流はとても深く、私にも両方に親しい友人が何人もいますが、日本人、台湾人、中国人が一緒に食事などすると、どうしても日本人である私が後れを取ってしまいます。言語の問題ではなく、両者は深い精神的文化的な繋がりを持ち合っているからでしょうね。

■偏在報道に動く日本メディアとプーチン演説

Q　日本のメディアは、いったいどうしてしまったのでしょうか。中国やロシア、朝鮮への非常に偏在した報道と、それをほとんど鵜呑みにしてしまう世論など。非常に管制的な匂いのする日本の言論空間となっています。ロシアとウクライナとの戦争も、2014年の「ミンスク合意」で一端は停戦が成立したドンバス戦争が一つの起点とされていますし、NATO諸国の東方拡大政策、対ロシア恫喝、ドンバス地方住民へのウクライナ政権のジェノサイドと呼ぶに相応しい苛烈な弾圧などについては触れようとしません。

A　メディア・リテラシーの側面から論ずべき課題ですね。日本メディアの劣化ぶりは、本当に驚くほど酷いものです。そもそも日本にリベラリズムはまだ生き残っているのか、と考えざる得ないのが実情ですね。

なぜロシアがウクライナに侵攻したかについて、堪忍袋の緒が切れた感のあるプーチン大統領のスタンスについては、前の本で書いていますので、繰り返しませんが、2014年にドンバス戦争が「ミンスク合意」で停戦していました。そこではドンバス2州の帰属問題について、住民投票に委ねるという方向で一端は折り合っていますね。ドンバス2州の住民は、即時ロシアへの編入を希望していましたが、プーチン大統領はそれをむしろ止めたのです。

しかし、その「ミンスク合意」もアメリカの意向を受けたのか、ゼレンスキー政権はマクロン・フランス大統領の必至の説得にもかかわらず、一方的に廃棄してしまいました。プーチン大統領でなくとも、これには怒りますよね。だから侵攻直前の演説のなかで、ドンバス戦争以来、ロシアとウクライナの歴史的文化的関係もあって、8年の間ずっと我慢してきたという趣旨の演説を行ったのです。しかし、日本も含めて欧米メディアは、このプーチンの怒りを十分に報道することはありませんでした。

何も納得しようとか理解しようというわけではありません。この戦争が「独裁者プーチン」の個人的な恨みから発したものではなく、両国関係や欧米諸国とロシアとの関係性に矛盾や課題が山積していたことを知っておくことは無駄ではないという意味です。この戦争の実相とこれから起きるかも知れない戦争を防ぐための知恵と方法を紡《つむ》ぎ出すためにも。

ただ、繰り返し確認したいのは、いかなる理由があろうとも、今回の戦争の侵略行為を働いているのはロシアであることです。その行為は国連憲章違反の問題から人道上の問題まで、ロシア側に相応の責任があることは論を待ちません。

Q そのロシアに戦争責任を負わせ、両国に横たわる諸問題について時間をかけて調整協議をする機会を創り出すために停戦協定の実現が強く求められていると思います。ここに至っても、侵略者ロシアを敗北に追い込み、場合によってはプーチン政権の打倒を主張する日本の国内世論は強まっていますね。

A その点については、いわゆる日本のリベラル勢力の間でも見解が二つにも三つにも分かれていて、分断状態が続いています。停戦合意を求めると発言や提言をするだけでロシアを許すのか、ロシアの軍事占領状態を認めるのか、という反論です。だからと言って、ロシアを敗北に追い込むために膨大な軍事支援を継続することによるウクライナ兵士と国民の生命が危機に晒され続けるのは止めなければなりません。

ここでは即時停戦合意を実現するために先ずは、例えばアメリカがゼレンスキー大統領に、そして中国がロシアのプーチン大統領に停戦協議を開始するように説得すべきであり、そのことを国際世論で後押しすることが何よりも先決でしょう。

戦争の展開を予測するのは簡単ではないですが、どちらも完全勝利は在り得ないでしょう。つまり、戦勝による戦争終結の見込みがない以上、停戦合意により矛を一先ず収め、第二〝ミンスク合意〟を実現することです。それとも、ウクライナの軍事支援を望む人たちは、かつてのユーゴ内戦の時のように、アメリカ、イギリス、イタリアなどNATO軍の直接投入を不可避として、これを後押ししようとするのでしょうか。それこそ第三次世界大戦の道を選ぶことになります。

Q　プーチン・ロシア大統領の演説の一部でも紹介してもらえませんか。

A　プーチン演説は長大なものですが、その一部を以下に記しておきます。２０２２年2月24日のウクライナ侵攻の直前に行った演説です。ウェブ上にアップされていて、いつでも読むことができますが、ここで一部を引用しておきます。

「私たちの特別な懸念や不安を呼び起こすもの、毎年着実に、西側諸国の無責任な政治家たちが我が国に対し、露骨に、無遠慮に作り出している、あの根源的な脅威のことだ。つまり、ＮＡＴＯの東方拡大、その軍備がロシア国境へ接近していることについてである。

この30年間、私たちが粘り強く忍耐強く、ヨーロッパにおける対等かつ不可分の安全保障の原則について、ＮＡＴＯ主要諸国と合意を形成しようと試みてきたことは、広く知られている。私たちからの提案に対して、私たちが常に直面してきたのは、冷笑的な欺まんと嘘、もしくは圧力や恐喝の試みだった。その間、ＮＡＴＯは、私たちのあらゆる抗議や懸念にもかかわらず、絶えず拡大している。軍事機構は動いている。

繰り返すが、それはロシアの国境のすぐ近くまで迫っている。西側諸国が打ち立てようとした〝秩序〟は混乱をもたらしてきた。なぜ、このようなことが起きているのか。自分が優位であり、絶対的に正しく、なんでもしたい放題できるという、その厚かましい態度はどこから来ているのか。私たちの国益や至極当然な要求に対する、無配慮かつ軽蔑的な態度はどこから来ているのか。答えは明白。すべては簡単で明瞭だ。

1980年代末、ソビエト連邦は弱体化し、その後、完全に崩壊した。当時起きたことの一連の流れは、今でも私たちにとってよい教訓となっている。それは、権力や意志の麻痺というものが、完全なる退廃と忘却への第一歩であるということをはっきりと示した。当時、私たちはしばらく自信を喪失し、あっという間に世界のパワーバランスが崩れたのだ。これにより、従来の条約や協定には、事実上、効力がないという事態になった。

説得や懇願ではどうにもならない。覇権、権力者が気に入らないことは、古風で、時代遅れで、必要ないと言われる。それと反対に、彼らが有益だと思うことはすべて、最後の審判の真実かのように持ち上げれ、どんな代償を払ってでも、粗暴に、あらゆる手を使って押しつけてくる。賛同しない者は、ひざを折られる。私が今話しているのは、ロシアに限ったことではないし、懸念を感じているのは私たちだけではない。これは国際関係のシステム全体、時にアメリカの同盟諸国にまでも関わってくるものだ。(後略)」

あれだけの侵略戦争を行い、ウクライナ兵士・国民を犠牲に追いやり、数多のインフラを破壊しつつある現実を前にして、プーチンの怒りを理解できたとしても決して納得するわけにはいきません。これを客観的かつ理性的に読み解こうとする意志もなかなか生まれようがありません。今回の戦争がロシアから仕掛けられた侵略戦争であることは、誰の目にも否定することができません。

しかしながら、その根底にあるアメリカと同盟者たちによるロシアへの長年にわたる敵対行為の集積、あるいは欧米秩序中心主義の国際社会への異議申し立てが根底にあるとするならば、そこに孕まれた矛盾や対立の要因については、しっかり検討すべきでしょう。

この侵略戦争をなぜ引き起こしたのかを納得できなくとも、理解しておくのは無駄ではありません。そこから批判の素材を見つけ出すことが可能となるのですから。そうでないと、同じような戦争は連綿として起き続きますし、現在も他地域でも頻発しています。

プーチンの演説を独善的で、欧米諸国に対してロシアの侵略責任を回避しようとするものだとする批判も当然ながら起こり得ましょう。そこにはNATO諸国とロシアとの長年の軋轢・対立、もっと言えば欧米中心の世界秩序の優位性への恐怖・不信・警戒・対抗など、ロシアの置かれた立場の一端を垣間見ることができます。

■ロシア・ウクライナ戦争の深層

Q　この戦争はプーチンという政治家ゆえに引き起こされたとする見方も有力ですね。戦争の原因を一人の独裁的な権限を持つ政治家の独断だとする見解です。

A　戦争の原因を一人の指導者の独断だとするのは、説得力を持ち得ません。戦前日本の事例で言えば、1945年12月8日未明に強行された日本陸軍のマレー半島への上陸侵攻も、それから1時間半程後になって強行された日本海軍の真珠湾奇襲も、時の総理大臣東条英機という独裁的権限を保持していた人物だから戦争が始まったとする見方は歴史の検証には耐えられない認識です。
そこまで日本と中国・アメリカ・イギリスとの対立と軋轢の結果として、日本側が先手を打って侵略行動を起こしたのです。それによる対立と軋轢の解消を意図したのです。もちろん、軍事行動によって、対立や競合を解決しようとすること自体、当然批判されるべき国家判断とされます。

戦争は一人の人物の政治判断で起きるものではなく、侵略国と被侵略国との2国間関係や多国間関係の対立や競合によって起きるものです。東条英機やプーチンという特定の人物が戦争の原因と捉えるのは、国家間にいかなる対立や軋轢があったかを見逃すことになります。

Q　言われる通り、「侵略者」であるプーチン大統領の演説を冷静かつ真意を探ろうとするスタンスは、日本のメディアにも、いわゆるリベラリストにも欠如していると思います。演説を通して、ロシアという国家が、いったい何を志向していたのかを知ることは戦争の本質と、そこから停戦合意のプランを提起するうえでも不可欠となりますね。

A　いずれかに偏在した読み方からは、何が問題なのかを問う姿勢が生まれません。ただ現象面からしか理解しようとしないということですね。とりわけ、アメリカにとって都合が悪い情報は、日本のメディアも意図的に遮断してしまうからでしょうか。報道の自由という課題が言われますが、報道の主体性と言い換えた方がよいですよね。つまり、日本のメディアには主体性が完全に欠落していると思います。
確かに、あれだけのウクライナ国内における惨状を毎日のように見せつけられると、そのたびにロシアのイメージが悪くなる一方です。でもテレビ・メディアもロシアを一方的に批判するばかりで、なぜロシアは侵攻したのかという背景の読み解きをしていないことには、注意を向けるべきだと思います。ただ、これを言うと日本の〝リベラリスト〟からは強烈な批判が起きますね。侵略者ロシアを擁護するのかと。必死で闘っているウクライナへのリスペクトはないのかと。

そうではないのです。まずこの戦争を止めさせる手立てを紡ぎ出すことを通じて、ロシアの侵略行動を中止に追い込み、ウクライナ国民・兵士のこれ以上の犠牲を回避すること、侵略行動に駆り出されているロシア兵士の犠牲をも軽減すること。そのためには停戦を呼び掛ける国際的運動と仲介の主体者としての中国、そしてアメリカ、また、停戦交渉を国民挙げて要請する日本の世論を形成していくことだと思います。

ロシアの侵略の背景を探るコメントをするだけで、逆に批判を受ける状態がしばらく続きました。テレビに毎日のように登場するのはロシア批判を繰り返す研究者やジャーナリストばかりとなります。みんなでロシア批判の大合唱ですね。そうしたモードに日本のリベラリストを自称する人たちも呼応した感があります。被侵略者に寄り添うことも大切なことですが、私たちはまず第三者として、この戦争を止める手立てを講じていく役割を優先すべきに思います。

私もゼレンスキー政権が行ったドンバス2州のロシア系住民への空爆や殺害などの実例を知っていましたから、同政権の中枢に存在するアゾフ大隊やアイーダ大隊に代表されるナチスグループなどの問題も含めて批判的な内容を口にしたら、リベラリストと自認する人からずいぶん反論を頂きました。

Q　先ほど紹介して頂いたプーチン演説は、アメリカ主導のNATO批判が苛烈を極めています

ね。旧ソ連を中心とするワルシャワ条約機構（WATO）を解体した折、いずれNATOを解体するとの約束を完全に反故《ほご》にされてしまったことに、ロシアの指導者たちは怒り心頭でしたね。ゴルバチョフを継いだエリツィンも、そしてプーチンも。

A　ロシアの指導者やロシア国民からすれば、アメリカにまんまと騙され、煮え湯を飲まされたと思っているでしょうね。アメリカはNATO軍の軍事力でロシアを追い込み、緊張を強いることでロシア封じ込め戦略を一貫して採っていましたから。そこに火中の栗を拾いにきたロシアを叩くためにウクライナを戦場とし、親ロシア政権を潰してゼレンスキー親米政権をつくりあげたわけですね。この流れは大方の人が知っていることですが。

プーチン演説の別の箇所で「まさに人々のそうした願望、感情、痛みが、ドンバスの人民共和国を承認する決定を下す主要な動機となった。さらに強調しておくべきことがある。NATO主要諸国は、みずからの目的を達成するために、ウクライナの極右民族主義者やネオナチをあらゆる面で支援している。彼らは（訳注：民族主義者ら）、クリミアとセバストポリの住民が、自由な選択としてロシアとの再統合を選んだことを決して許さないだろう。当然、彼らはクリミアに潜り込むだろう。それこそドンバスと同じように。戦争を仕掛け、殺すために」という演説に示された物言いの怒りをどう受け止めるかですね。こうした問題と、エマニュエル・トッドの「アメリカはウクライナを軍事支援し、ウクライナを破壊している」（『第三次世界大戦はもう始まっている』（文芸春秋新書、2022年刊）とする指摘と重ね合わせてみると、この戦争の意味を理解できるでしょう。

それでもウクライナイに軍事支援を続け、ロシアを敗北に追い込むために戦争継続を望むことの意味はどこにあるのでしょうか。破壊と殺戮を肯定しようとすることに、どのような意義を見出そうとするのでしょうか。戦争には反対だと言いながら、戦争の継続を結果する軍事支援によって、どれだけの人たちやインフラが傷つき、取り返しのつかない帰結が待っているのか、容易に想像がつくのではないでしょうか。例え軍事支援の結果、ウクライナが勝利し、ロシアを撤退に追い込むことができたとしても、その間に失われる人命を取り戻すことはできません。いかなるイデオロギーも大義も、人命に優るものはありません。

軍事には軍事で対抗することを説くリベラリズムの存在があります。しかし今求められているのは、即時の停戦です。朝鮮戦争で休戦協定が1953年7月に成立し、今年で70年余りを過ぎました。国際内戦とまで言われた朝鮮戦争が国際法上では依然として戦争状態にありながら、それでも熱戦は終息しています。停戦は可能であり、一刻の猶予も許されません。

(2) 遠のく核兵器なき世界とミサイル開発競争

■〝使いやすい核兵器〟

Q　ロシアなりに戦争発動理由があるようですが、ロシアは核使用の可能性を繰り返し仄《ほの》めかしています。それは単なる恫喝ではなく、いわゆる〝使いやすい核兵器〟をアメリカもロシアも手にしているということになりませんか。また、最近の情報ではロシア軍は核兵器運用部隊をウク

ライナの隣国ベラルーシに配備したとか。

Ａ　確かに今回の戦争で追い詰められたプーチン・ロシア大統領が起死回生の一策として限定的核使用に踏み切るのではないか、と疑心暗鬼に各国政府や国民が陥っていますね。核兵器が通常兵器の延長として戦場に投入される可能性が現実味を帯びてきたと。

核兵器の使用を仄《ほの》めかすプーチン大統領の意図がどこにあるのか不透明の限りですが、アメリカと並ぶ核超大国でもあるロシアが核使用に踏み切る可能性は否定できません。ただ、それはロシアにとって非常にリスキーな選択となりますから、恫喝の道具として使うことはあっても、戦場における勝利のために使用するとは思えません。もちろん、期待を込めてですが。

Ｑ　ロシアの核兵器使用の可能性について、アメリカはどのような対応を採ろうしているのですか。

Ａ　アメリカ本土から遠く離れたヨーロッパが戦場だとしても、アメリカはロシアが核兵器使用に踏み切った場合は対抗措置として核兵器に手を出すことはあり得ます。すでにヨーロッパにアメリカの核兵器が持ち込まれてもいますから対応は迅速でしょう。

確認しておきたいことは、アメリカは通常戦力にも核戦力で対応する準備を進めていることです。つまり、ロシアが核兵器を使わずとも、核兵器に手をかける可能性は排除できません。現在はロシアの核兵器使用の可能性をめぐって議論が沸騰していますが、その背後にアメリカの核兵器使用についても注視しておかなければなりません。

ヨーロッパの戦場と遠く離れたアメリカには、自国民を直接に核被害に巻き込まなくとも、核兵器によりロシアに沈黙を強いることは純軍事的には可能であり、あり得るシナリオだと思います。ところがロシアは我が家の前庭で核兵器が使用されたとなれば核被害は極めて深刻であり、先んじての核兵器は使いづらいところです。

■核兵器を弄《もてあそ》ぶロシアとアメリカ、そしてイギリス

Q　アメリカもロシアと拮抗する核兵器大国ですが、いずれにしても核兵器使用の敷居が低くなっている現実に私たちは恐怖を覚えます。本当に核兵器は、使いやすい兵器となっているのでしょうか。

A　もちろん、核兵器使用に踏み切る場合には政治的軍事的な判断が優先されますが、軍事技術上においても使いやすい兵器となっている事実があります。一つには、特にアメリカは核兵器の小型化・高度化のレベルで中国・ロシアを圧倒しているという現実。二つには、総合的軍事力で依然としてアメリカが一等地を抜くレベルを保持している、という自信です。もちろんそこにはアメリカの両国への恫喝の意味も含まれていましょう。

アメリカがここにきて、核戦争をも回避しない姿勢を打ち出したことの意味は極めて重要です。つまり、通常戦力（＝非核戦力）と核戦力との線引きを取っ払って、核戦力を戦力の中核に据え続ける意図と政策を宣言したことになりますから。

Q　アメリカのバイデン大統領は、核使用に関連する発言のなかで、核の先制使用はしない、と明言したそうです。その意図と核の鬩《せめ》ぎあいの最中にある核保有国への影響はあるのでしょうか。

A　このアメリカの判断について日本の国会でも問題として取り上げられました。特にロシアのウクライナ侵略戦争においてロシアのプーチン大統領が核使用を仄めかす発言をし、核の脅威が高まっていることもあり、日本をはじめアメリカの核の傘にある非核保有国にも不安感を与えたようですね。

この問題は第一に、ロシアに誤ったメッセージを与えてしまったのではないかと思います。つまり、アメリカは核保有国が核使用するまで核兵器を使わないとしたことで、逆に核使用の敷居が低くなってしまったのではないか、ということです。

もう一つは現在、核兵器というと朝鮮や中国のように非常に大型の運搬手段に搭載した核弾道ミサイルばかりが目立っていますが、実際には非常に小型化された核兵器が主流となっていて、それだけ秘匿性も高まり、また自在に移動させることのできる技術が広まっていますから、「使い易い非通常兵器」として見られるようになっていることです。そうした核兵器をめぐる現実に適合させたバイデンの発言だったように思います。

Q　つまり、核兵器が最終兵器というイメージが強かったのですが、通常兵器との差異が曖昧になってきているということですか。

A　そう思います。だから核兵器使用の可能性が高まっていると言えるのです。戦略核と言われる大陸間弾道弾（ＩＣＢＭ）より、高性能爆薬を装填した巡航ミサイルが現代の戦争では多用される現実がありますね。ロシアがウクライナに猛烈な数を打ち込んでいますが、現代の戦争は一方では、高度なミサイルの高性能爆薬を装填し、相手のインフラ破壊や一般市民を殺傷させて降伏を迫るという姿が定着しつつありますね。アメリカのイラク侵攻やロシアのウクライナ侵略戦争は、そのことを示しています。

Q　核兵器使用の可能性が高まる一方で、今回のロシアのウクライナ侵略戦争でもミサイルが兵器群のなかで主役となっている感じがします。非核兵器、つまり通常兵器とは言っても、その破壊の凄まじさから言えば、核兵器と比べること自体がナンセンスに思うのですが。

A　ロシアのウクライナ諸都市の住居やスーパーマーケット、それに教育施設や病院などに無差別爆撃が繰り返されていますね。ウクライナの防空システムにも限りがありますので、着弾率が極めて高く、被害も全土に拡がっています。私たちは既に侵略戦争において圧倒的なミサイル兵器を保有する国家が侵攻に先立ち猛烈なミサイル攻撃を行って、敵の地上戦力を可能な限り潰してから自国の地上部隊を展開した戦争として、アメリカが行ったイラク戦争を知っています。

ミサイル攻撃では、制空権を奪う以前の段階から使用し、戦争の主導権を握ることが可能です。つまり、ミサイルが戦争の主役となることで戦場の様相も一変してしまった感がありますね。

また最近のニュースでは、イギリスがウクライナに供与したチャレンジャー戦車が使用するための劣化ウラン弾も併せて提供したことが分かりました。これは装甲貫徹能力を高めるために徹甲弾に劣化ウランを埋め込んだものです。当然に戦場における放射能汚染が危惧されます。また、アメリカはクラスター爆弾を提供すると言います。

兵器に人道兵器も非人道兵器もないのですが、戦争終結後も散逸した子爆弾が爆発し、人体殺傷が予測されるものです。2023年7月末の段階で、ウクライナ軍はアメリカから供与されたクラスター爆弾をウクライナに侵攻してきたロシア軍陣地で使用したとの報道がありますね。ロシアは報復としてロシア軍が保有するクラスター爆弾を使用する可能性が出てきました。もう歯止めなき相互破壊の域に達しています。相互破壊と相互殺戮に拍車をかける軍事支援を直ちに停止し、停戦合意を急ぐことがますます求められています。

Q 相互破壊・相互殺戮の兵器として、核・非核を問わず、また単距離から中距離、さらには大陸間弾道弾まで多様な飛距離と破壊力を持つミサイル開発と実戦への投入が盛んとなっているのですね。

A その通りですね。ミサイルを発射する方法や場所も実に多様ですね。地上、海上、空中、海中とどこからでも発射可能ですから、攻撃兵器としては最強となります。もちろん、防禦システムとしても使われます。ミサイルを撃ち落とすためのアンチ・ミサイル・ミサイル(AMM)ですね。攻撃ミサイルの代表がトマホークとすれば、AMMの代表が、南西諸島を含め日本各地の自衛隊基地に配備されているパトリオットミサイル(PAC3)です。

それで日本でもミサイル防衛システムの導入は既に本格的に着手されているわけですが、最近特に注目されているのは、極超音速で飛翔するミサイルです。防衛省は高度化するミサイルの日本への導入を、実戦配備を含めて前向きに検討中です。そして、このたびトマホークミサイルを400発購入することとなりました。1発約3億円の兵器です。それを日本は1発5億円で購入するのです。

Q　ウクライナに侵略戦争を仕掛けたロシアは、そうしたミサイル技術開発や実戦への投入が目立っています。実際に最新のミサイルをウクライナの首都キーウへの攻撃を含めて大量に投入しているようですが。

A　ロシアのウクライナ侵略が始まって、もう1年半余りを経過しました。私は先の本でこの戦争は3年から5年経って本当に終息に向かうのだろうかと疑問を呈しました。その予想は運悪く当たってしまいそうな気配ですね。

確かにミサイル開発でアメリカや中国と競合するロシアは、ウクライナ攻撃の折にキンジャールと命名された極超音速滑空体を投入しました。また中国も、2019年10月1日、建国記念日(国慶節)に東風17と命名された極超音速滑空ミサイルを軍事パレードの場で公開しました。このミサイルは2段式ミサイルで、弾頭部分が極超音速滑空体となっています。

こうしたロシアと中国の新型ミサイルに対抗するため、アメリカは2021年3月19日、極超音速滑空体の飛行試験に成功したと発表しました。これが米陸軍と米海軍が共同で開発している極超音速滑空体です。例えば、今年2023年度配備予定である陸軍の長距離極超音速兵器（以下、LRHW:Long-Range Hypersonic Weapon）は、飛翔距離2775㎞とされ、日本の沖縄・九州方面に展開配備すると中国大陸奥地までが射程圏内とされるものです。

9 キンジャール（Kh-47M2 Kinzhal）は、ロシア連邦軍の極超音速空対地ミサイル。最大速度はマッハ10とされ、核弾頭も搭載可能とされる。NATOコードネームでは、AS－24「キルジョイ」（Killjoy）と呼称されている。

■西南諸島から日本列島に展開するミサイル陣地

Q　アメリカはそのミサイルをどのように使うのでしょうか。米中戦争を想定してのミサイル配備と受け止めてよいのでしょうか。

A　アメリカは中国との戦争では核兵器を用いない地域紛争レベルの通常戦争を想定しており、想定戦場は尖閣諸島（魚釣諸島）、台湾、南沙諸島及び西沙諸島の周辺海域だと思います。中国大陸に地上侵攻する可能性は低いですね。新しい中距離ミサイルは、想定される戦場に飛んで来る中国軍の戦闘機の運用を妨害し、同時に航空基地の破壊が目的となるでしょう。

従って常識的に言えば、中距離ミサイルであるＬＲＨＷは、九州南部から琉球列島沿いに引かれた第一列島線に配備されていく可能性があります。再装填や再発射が比較的容易である地上発射が合理的である以上、現在、自衛隊基地が南西諸島に設営されている状況から、近い将来、同じ場所にアメリカのＬＲＨＷが持ち込まれる可能性は否定できません。言うならば、自衛隊はその先鞭をつけるべく展開し、近い将来において日米のミサイル部隊が共同して対中国を正面に据え、猛烈なミサイル攻撃を仕掛ける態勢を整えつつあります。

2

「抑止力神話」と「同盟信仰」の危うさ

（1）抑止力論の危うさ

■「抑止神話」と「同盟信仰」

Q　2023年6月1日開催の参議院財政金融委員会に参考人として招聘され、陳述されましたが、そこで最も強調されていた抑止力論の問題について触れて頂けますか。そこでは抑止力論を幻想だと随分厳しい言葉で説明されたようですが。

A　そこでの様子はインターネットでもアップされていますから視聴いただいた方もたくさんおられる思います。ネット上でも、ずいぶんと私の陳述をめぐり賛否の両方を頂戴しています。活発な議論を喚起できたことは嬉しく思っています。そこでの冒頭陳述時間はわずか15分でした。その後、各政党の議員との間で3時間近く質疑応答がありました。多少訂正や加筆を加えていますが、冒頭15分間の陳述を巻末の資料として記載しています[1]。

1　2023年6月1日参議院財政金融委員会での議論は、以下で参照。
https://kaigi.ndl.go.jp/#/detail?minId=121114370X01220230601&current=3

Q　陳述で「安保三文書」の問題点を5点にわたり指摘し、それを踏まえて抑止力論の過ちを展開されていますが、そこで議員さんたちの反応はどうでしたか。とりわけ抑止力を「神話」とまで喝破されていましたが。

Ａ　全ての国会議員がそうだと言い切るつもりは毛頭ありませんが、言うならば「抑止力神話」と「同盟信仰」に陥っていて、抑止や同盟が持つ戦争発動の契機となる、とする観点に向き合おうとせず、理解しようとしない議員さんたちが予想以上に多いと改めて実感することができました。

野党議員のなかには国会質疑の場で岸田首相に対し、先の広島サミットにおける「広島宣言」に示された事実上の核抑止肯定論が、こともあろうに被爆地広島で宣言に盛り込まれたことに激しい怒りを表明された方もおられます。ところが、「広島宣言」なるもので、軍事には軍事の論理が核兵器には核兵器という文脈のなかで確認されてしまったのです。

核兵器廃絶を求め続けてきた広島の思いが無化・否定されたに等しい「広島宣言」は、厳しく批判されるべきでしょう。宣言への批判に対し、自らも核廃絶を訴えてきたとされる岸田首相は、核抑止論の過ちを全く理解していないようでした。核抑止論が核の拡散を招いてきた現実を直視できないのです。核廃絶を本気で主張するならば、先ずは核抑止論の過ちを自覚すべきです。

Ｑ　通常兵器であれ核兵器であれ、抑止力そのものを根底から批判する主張をされましたが。その辺を少し説明願います。

Ａ　陳述後の質疑応答のなかで、私はロシアのウクライナ侵略を阻止できなかったこと自体を抑止力の破綻と捉えるべきだと発言しました。これに対して自民党議員の方が、「ウクライナはＮＡＴＯに入ってないのだから、参考人の発言には賛成できない」とする趣旨の発言をされました。マイダン革命前後のウクライナの国情を余りご存じないのかなと思いつつ、以下のように応えました。

すなわち、アメリカの工作支援によるマイダン革命で親ロシア政権を打倒して登場したゼレンスキー政権が、親NATO／親米政権であることはよく知られていること、その政権を梃としてロシアとウクライナとのドンバス戦争を終結させた「ミンスク合意」も一方的に破棄させて、ロシアを挑発した結果が戦争の大きな原因であったことなどを説明しました。

そして、ここが肝心なところですが、長期的な視点に立てば対ロシア抑止力とされたNATO諸国の軍事力が、結局はロシアのウクライナ侵略を阻止できなかったことをどう受け止めるのか、と発言しました。つまり、ウクライナを楯にした対ロシア抑止力が全く機能しなかったことが実証された事例であることを認識すべきだと発言しました。ドンバス戦争以後、ウクライナイは〝準NATO加盟国〟と言っても過言でない状態が続いていました。

その自民党議員の発言を聞いていて、昨年（2022年）4月3日に3カ月後に殺害される安倍晋三元首相が山口市民会館で講演したおり「ウクライナが侵略されたのはNATOの軍事同盟に参加していなかったからだ」と発言されていたことを思い出しました。

実は私はその前日4月2日に同じ場所でロシア・ウクライナ戦争について、ロシアやアメリカなど国連常任理事国は国連憲章違反を繰り返してきたこと、戦後の国際秩序が大国の恣意的な戦争行動のなかで翻弄されてきた歴史事実を取りあげ、今回もその延長としてあること、そこから大国の覇権主義の前には抑止も同盟もある意味では神話であり、信仰のようなものだ、と述べました。つまり、「抑止神話」論と「同盟信仰」論です。

郵 便 は が き

料金受取人払郵便

大阪北局
承 認

1860

差出有効期間
2025年
3月31日まで

5 5 3-8 7 9 0

0 0 7

大阪市福島区吉野
3 - 2 - 35

日本機関紙
出版センター行き

【購読申込書】

＊以下を小社刊行図書のご注文にご利用ください。

［書名］ ［部数］

［書名］ ［部数］

［お名前］

［送り先］

［電話］

ご購読、誠にありがとうございました。
ぜひ、ご意見、ご感想をお聞かせください。

[お名前]

[ご住所]

[電話]

[E-mail]

①お読みいただいた書名

②ご意見、ご感想をお書きください

＊お寄せ頂いたご意見、ご感想は小社ホームページなどに紹介させて頂く場合がございます。ご了承ください。

ありがとうございました。

日本機関紙出版センター　でんわ 06-6465-1254　FAX 06-6465-1255

Q　もう一つの観点として、スナイダーの「安定と不安定のパラドックス」論を引用され、核抑止論が通常兵器による戦争発動への敷居を低くした、とする説明をもされていますね。これもう少し詳しく話してもらえますか。

A　ロシアのプーチン大統領がウクライナ侵略に踏み切った理由はたくさんあります。前著『ロシアのウクライナ侵略と日本の安全保障』（2022年刊）で、その辺のことを詳しく述べていますが、今の話に関連して言えば、プーチンはNATO諸国のというより、NATO軍のロシアへの恫喝・圧力に我慢の限度を超えたということでしょう。このままではウクライナが準NATO国から正真正銘のNATO国となり、対ロシアの最前線国家となってしまうことに危機感を抱いたのです。

それは、遡及すれば1999年3月のNATO軍によるベオグラードへの猛烈な爆撃、そして、同年5月17日、同市にあった中国大使館への空爆などに強烈な脅威を感じ取ったからでしょう。以来、東方拡大・東方浸透と言われるロシアへの接近政策は、アメリカの後押しを受けたマイダン革命で頂点に達したのです。

両者の軋轢から戦争に至る過程で、少なくともロシアのプーチンが侵略に踏み切った最大の理由は、戦争発動してもアメリカは核兵器による対抗措置を執らないとする確信であったと思います。それが核抑止力によって核戦争は防止されるという確信です。そこから表面上は核戦争に至らないとう意味で「安定」をもたらしていたのです。ところが、核戦争が起きないとの確信が非核兵器、つまり通常兵器を使用した戦争発動への踏切を容易にさせてしまったということです。

つまり、核抑止力による「安定」が通常兵器による戦争を誘引してしまったのです。そこからグレン・

スナイダー（Glenn Snyder,1924- 2013）は、主著『抑止と防禦』のなかで、「安定」が「不安定」をもたらしたという意味で「安定と不安定のパラドックス」と表現したのです[2]。

そこから学ぶべきは核抑止力を肯定することが事実上核戦争をも射程にすえた戦争総体を肯定する認識を広めていること、そして通常兵器使用による低強度戦争を不用意に引き起こす事態を迎えていることです。核保有国間の戦争は抑止できても、逆に核保有国と非核保有国との戦争を頻発化することになるのです。従って、核抑止であれ非核抑止であれ、抑止論自体が戦争を引き起こす最大の原因となることを確認しなければなりません。核抑止のことを拡大抑止と通常兵器による抑止と区別することもありますが、「抑止」あるいは「抑止力」を肯定する考えには変わりありません。

2 原題は、Deterrence and defense: toward a theory of national security, Princeton University Press, 1961。この他にも、Alliance politics, Cornell University Press, 1997等がある。

Q それが「抑止の神話」という表現で示される戦争原因の要諦ですね。確かにアメリカとイラク、旧ソ連とアフガニスタン、中国とベトナム、イギリスとアルゼンチン、フランスとベトナムなど、戦後起きた戦争が核保有国対非核保有国の戦争でした。通常兵器による戦争は低強度戦争と言うのですね。

A 大国間同士が戦わずとも、その代替戦争として大国による低強度戦争では、その戦争に巻き込まれた国民や住民は甚大な被害を受けるわけですから、その戦争が核戦争であれ低強度戦争であれ、深刻で甚大な被害をもたらします。

現在で言えばウクライナ国民や兵士たちが、まさにロシアの起こした低強度戦争で犠牲を強いられていますね。この戦争も結局は、誤った抑止論が根底にあるとすれば、この辺で「抑止力神話」と決別しなければなりません。そうした全体の動きを先に紹介した自民党議員さんもしっかりと学んで欲しいと思います。

Q 抑止力の無効性を「神話」と喝破されましたが、それでも抑止力への期待感や抑止概念を徹底しようとする動きは健在なんですね。

A 抑止力論を安全保障論の基本に据えることで、軍隊の存在や軍事組織の正当性を担保しようとする考えが主流であることは間違いないですね[3]。これまで述べたような抑止力無効論は、現時点では極めて少数意見です。私の参考人陳述への国会議員さんたちの質問にも、先ず入り口から抑止力への無条件の受容があって、私の見解を非現実的だと一蹴される雰囲気でした。そうした雰囲気を少しでも問題化していくためにも、反抑止論の展開を今後も続けていきたいと思っているところです。

3 抑止力の有効性を論じたものとして参考になったのは、後潟桂太郎「抑止概念の変遷―多層化と再定義―」(『海幹校戦略研究』第5巻第2号・2015年12月)や高橋杉雄「「安全保障」概念の明確化とその再構築」(『防衛研究所紀要』第1巻第1号・1998年6月)などである。

Q 今年7月28日に閣議報告された2023年度の『防衛白書』には、あらためて抑止力必要論が強調されていますね。

A　その通りです。ロシアのウクライナ侵攻から教訓とすべきものとして、「力による一方的な現状変更は困難であると認識させる抑止力が必要であり、防衛力を構築し、相手に侵略する意思を抱かせないようにする必要がある」と記していますね。相変わらずの抑止力論です。そこには残念ながら、私が触れてきた抑止力論の無効性と危険性への認識が微塵も示されていません。これでは軍拡の負の連鎖に歯止めがかかりません。中国との相互抑止が、さらなる緊張と不信を深めるだけです。まさにチキンゲームに進んで参加するようなものです。

日中関係が段々とチキンゲームとなってきました。チキン（臆病者）と言われたくないため妥協を嫌い、相手より先には譲歩しない姿勢からは、文字通り衝突を招くしかありません。言葉としては少し変かもしれませんが、日本にも中国にも臆病者になる勇気が必要です。中国の硬直した国家体質からすると、その勇気はなさそうです。それで平和国家日本が先に平和の旗を高く掲げ、譲歩による衝突回避の勇気を示すのもありかなと思います。衝突回避を率先して選択することは、平和憲法の理念にも合致しているはずです。

アメリカの指図があったとしても、日本が自立した国家であり、自由な市民社会であれば、衝突による戦争の惨禍を回避することはあるべき選択です。そうした意味からも、『防衛白書』に綴られた、言うならば〝チキンゲーム〟参加の意向を示すのではなく、そうした強面の姿勢を放棄することです。それは決して相手に屈服することではありません。「戦争放棄」を掲げる憲法を持つ日本は、そもそも〝チキンゲーム〟への不参加を最初から表明している国なのですから。

（2）虚妄の中国脅威論の果てに

Q 「安保三文書」に盛り込まれた中国、ロシア、朝鮮への事実上の敵視政策が日本の外交の柔軟性を奪うものだと指摘されていましたが、岸田政権や世論、メディアをも含めて中国脅威論が極めて強くなっていますね。そして、中国も抑止戦略を採用しているので、日本との間には相互抑止が働いて戦争は起きる可能性はない、その一方で抑止力の強化・向上を求めて、実は日中双方とも軍拡競争に入っている、との説明でした。この相互抑止の状態が続けば戦争は起きないとする考えに重点があるのか、それとも将来戦争の可能性がある、という予測を立てられているのか、その点をもう一度確認させて下さい。

A 中国国務院情報公弁室が2019年7月24日に公表した『新時代の中国国防』《新时代的中国国防》に記載された「战略威慑《ザンルウーウエイシェ》」は、日本語で「戦略的抑止」あるいは「戦略的威圧」と訳せます。よく知られている通り、中国の基本軍事戦略は、アメリカが名付けたものですがA2／AD（接近阻止・領域拒否、Anti-Access/Area Denial）となっていますね。これも守勢的防禦戦略の部類に入り、決して攻勢的攻撃戦略ではありません。それを中国は、「战略威慑《ザンルウーウエイシェ》」（戦略的抑止）という表現で自己規定しています[4]。アメリカは、だからと言って中国が戦争発動に踏み切る可能性を絶無とは考えていません。そうした戦略を中国は採用しているけれど、米中間の軍事衝突の可能性は存在するとしています。

もちろん、それはアメリカ自身が対中国包囲戦略を敷き、中国に日本や韓国を動員して恫喝や圧力をかけ続ける限り、反作用として戦争領域に不測事態をも含め入り込む可能性を否定していないのです。その背景にアメリカの非常に攻勢的軍事戦略があるからです。

同時に抑止力論自体が孕む戦争発動の可能性も指摘しなければなりません。それは抑止論自体がよくよく戦争を前提とした軍事理論だからです。よく指摘されるように、抑止力には懲罰的抑止力と拒否的抑止力とがあり、前者は文字通り相手を懲らしめるために先制攻撃をも辞さないで戦争を仕掛けること。後者は侵略してきた相手に国土蹂躙の機会を与えないために侵略の可能性を奪うことです。戦場は当然前者が敵地、後者は国内となります。

実は中国も含め、日本も同様に抑止力論は懲罰的抑止論に立っていると言われています。それで攻撃するための懲罰的抑止力と、侵略を阻止するための拒否的抑止力とに分ける考えがあります。先ほど引用したスナイダーは、「懲罰抑止力と拒否的抑止力の区分は厳密でも絶対的なものではない」と指摘しています。私も懲罰的であれ、拒否的であれ、抑止力とは武力行使を前提とする限り、区別されるべきものではないと理解しています。

つまり、抑止力を構成する防衛力にしても攻撃力にしても、武力使用を前提として把握されますから、抑止力強化とは、武力により威嚇する力の強化を意味することになります。相手側も同様に、抑止力を前提に威嚇効果をあげようとします。これでは際限なく武力強化を図らざるを得なくなります。まさに軍拡の連鎖です。なので抑止論は軍拡を正当化する欺瞞に満ちた理論ということになります。これを換言すれば「抑止神話」と言い得るものです。

4 「战略威慑」の用語は以下の文章において記述されている。「核力量是维护国家主权和安全的战略基石。中国军队严格核武器及相关设施安全管理，保持适度戒备状态，提高战略威慑能力，确保国家战略安全，维护国际战略稳定」。（核戦力は国家の主権と安全を守る戦略的要である。中国軍は核兵器と関連施設の安全を厳格に管理し、適切な警戒態勢を維持し、戦略的抑止力を向上させ、国家の戦略的安全を確保し、国際的な戦略的安定を維持している。―引用者訳、傍点引用者）

Q そうなると中国は、日本が抑止力強化の名目で軍備拡大を進めれば、一段と脅威感情を抱き、抑止力強化を目的に一層の軍拡に向かうことになりますね。それと中国の抑止論の真意は何処にあるのでしょうか。

A 残念ながら、その通りですね。日中が相互抑止の関係に固定化されれば、日中両国関係の緊張は、一段とハイレベルなものにならざるを得ないのです。これでは、日本も中国も抑止力によって戦争を回避することが困難となります。歯止めなき軍拡と戦争への可能性が高まる一方となります。こうした事態を回避するためには、直ちに「抑止力神話」から解放されて、軍事力に依存しない両国関係の正常化を図る必要があります。それで先ずは危険な「抑止力神話」を基調とする「安保三文書」を破棄し、相手に脅威感情を与えない外交政策の展開を急ぐべきに思います。

それと中国は確かに抑止論を国防戦略の要に据えていますが、同時に先ほど引用した中国の『新時代の中国国防』には、「坚持永不称霸、永不扩张、永不谋求势力范围。这是新时代中国国防的鲜明特征。」（中国は決して覇権を主張せず、決して拡大せず、決して勢力圏を求めない。これは新時代における中国の国防の特徴である―引用者訳）と記されています[5]。

5 同年の『新時代の中国国防』のＵＲＬは以下の通り。なお、引用箇所の英文は、Never Seeking Hegemony, Expansion or Spheres of Influence. This is the distinctive feature of China's national defense in the new era. である。

https://language.chinadaily.com.cn/a/201907/24/WS5d37f2aea310d83056400bef_2.html

Q　抑止力論と同盟論とは本質的に似たものですね。同盟を組めば戦争を抑止でき、戦争に加担することはなくなる、との考えが根強いですね。

A　そうですね。日本の保守政治家や保守的な世論のなかに、やや過剰な表現ながら「同盟信仰」と言ってもよいような認識が根強いですね。歴史を辿れば同盟が戦争抑止ではなく、戦争発動に繋がった事例が圧倒的に多いのです。

日本の近現代史においても、例えば、１９０２年に結ばれた日英同盟は、イギリスの植民地であったインドを目指したロシアの南下政策を阻むために、極東の新興国家日本と同盟を結び、日本をロシアと対抗させて南下政策を阻止しようとして締結されたものです。その結果、日本はイギリスの代わりにロシアと戦争することになりました。日露戦争と歴史では呼びますが、実際には〝英露戦争〟であったのです。

この構図は、アメリカの代わりにウクライナがロシアと戦争することになったのと非常に似ています。ウクライナがアメリカの代わりにロシアと戦っているのです。〝米ロ戦争〟と言うのが、ロシア・ウクライナ戦争の本質と言ってよいでしょう。

１９４０年には日本はドイツ・イタリアと日独伊三国同盟を締結します。ドイツやイタリアが他国と戦争を開始すれば、日本はこれに呼応して戦争に参加する、いわゆる自動参戦状態に置かれます。当時の帝国議会では、この自動参戦条項をめぐって侃々諤々《かんかんがくがく》の議論が起こります。結局軍部の強い意向に押し切られる格好で同盟締結を決断します。しかし、その結果、日本はその翌年の１９４１年12月８日の未明に陸軍がマレー半島上陸、海軍がアメリカ真珠湾奇襲作戦を敢行して対英米戦争に突入します。

つまり、同盟は戦争を抑止・防止するものではなく、戦争状況に身を置くことを意味します。そうした歴史の事実を正面から見ようとせず、現在はアメリカとの事実上の軍事同盟関係を結んでいるのです。しかも、集団的自衛権行使容認により、アメリカが他国と戦端を開いたら日本も無関係ではいられない関係が作られようとしているのです。

日本人は、先の大戦で敗北という塗炭の苦しみを味わいました。二度と敗戦の憂き目に遭わないためにも、安保条約という同盟関係に依存しようとしているのです。ある意味同盟への没主体的な追従が日本外交防衛の本質となっています。それを「同盟信仰」と言ってもよいでしょう。

Q　そうした自衛隊の動きを「安保三文書」で事実上の〝仮想敵国〟とされた中国は、いかなる捉え方をしていると思われますか。

A　南西諸島群の上に第一列島線上が覆うように設定されていることから、現実に配備展開中の自衛隊及び自衛隊基地施設が、ここで言うインサイド部隊として想定されていると判断できますね。ということは南西諸島の自衛隊配備は、こうしたアメリカの対中国軍事戦略を構成する肝になっていることが分かります。そう考えると、自衛隊の南西諸島配備計画の意図が透けて見えます。

つまり、南西諸島に配備展開する自衛隊は、アメリカの対中国戦線の最前線に置かれることを意味します。沖縄本島を含め琉球弧に点在する島々と島民が戦争の最前線に置かれ、明日戦争が起きずとも紛争・戦争の恐怖のなかでの生活を余儀なくされることです。沖縄が再び〝本土防衛〟と〝アメリカ防衛〟の盾となりつつあるのです。現地沖縄では、このことへ危機意識は頗《すこぶ》る高いわけです。

そして、さらに大きな問題はこうした動きを中国がどう見るかです。当然ながら警戒心を高め、一段と軍拡に走る、またはその口実を手にすることになります。中国としては日米の軍事力に脅威感情を深め、警戒心を高めるなかで軍事的挑発を続ける可能性があります。それが不測の事態を呼びかねないと思います。米中対立が自動的に日中対立にならないような日本独自の姿勢が求められますね。

Q　日本が敵視する中国は、すでにアメリカを抜いて世界1位の経済超大国になっています。その中国に対抗するために、日本は日米同盟に加えて様々な軍事ブロックに参入しています。さらに準NATO諸国としての地位を獲得しようとしています。

A　人権問題や異常気象問題など人類共通の普遍的な課題、価値観の相違などへの対応ぶりが、中国と欧米諸国との間に埋め難い乖離を生んでいます。共存不能との前提から対抗・対立に向かわざるを得ないのか、「和解なき共存」の方途を紡ぎ出せないのか、先ずは交渉・和解・妥結の往復循環の積み重ねが不可欠ですね。「和解なき共存」とは、すぐに和解できなくとも、共存のスタンスは相互に了解が可能との意味です。例えば、尖閣列島問題をめぐる日中の軋轢は、その問題を一時棚上げし、共存関係を維持しながら、その過程で時間をかけて和解への道を模索するものです。

ところでNATO参入問題ですね。今年（2023年）7月11日、バルト海三国の一国であるリトアニアの首都はヴィリニュスで開催されたNATO首脳会議に岸田首相も昨年に続き「パートナー国」として出席しました。日本政府として、NATO諸国と連携するなかでウクライナ支援に本腰を入れ、同時に対中国包囲戦略を主導するアメリカに呼応する姿勢を明確にしようとしています。その他の箇所で既に述べていますが、日本は次々と多国間軍事ブロックに参入していますす。その延長線上に世界最大の軍事同盟ブロックに準加盟国としての地位を手に入れようとしています。

日本のそうした方針を後押ししているのは、もちろんアメリカです。しかし、NATO諸国のなかには、フランスのマクロン大統領発言もあったように、日本の参入に否定的なスタンスを採る加盟国もあります。

序《つい》でに言えば、今回の会議でウクライナのNATO加盟が見送られました。アメリカとしては戦争中のウクライナのNATO加盟国入りを許せば、最悪の場合、アメリカとロシアの戦争に発展しかねないからだとされています。これだけウクライナに軍事支援しつつも、ロシアとの直接対決を回避しようとしているのです。不戦の立場からすれば当然の判断と言えますが、同時に今後もアメリカはウクライナに対ロシア戦争の継続を約束したことになります。要するに対ロシア戦争をウクライナに強いていくとも取れます。

もちろん、ウクライナ国民や兵士のなかには、早期のNATO加盟を望む人たちも多いことも間違いありません。戦争が継続している間、加盟問題は棚上げの方向で調整することになったようですが、ゼレンスキー政権自体も同盟信仰に近い心情にあるようです。戦争終結以後の課題となりますが、ロシアとウクライナとの相互安全保障を担保するための、新たな枠組みを設定することでロシアの隣国がロシアに対抗的な国家とはならない工夫が不可欠ですね。簡単なことではありませんが、再び戦争の可能性を残す同盟に依存しない和平案が提起されることが望まれます。

■中国は本当に脅威なのか

Q　ところで岸田首相は、「ウクライナは明日の日本かも知れない」と言った発言を繰り返し、先ほど話があったようにNATOに接近しようとしています。日本政府がNATOへの接近を進めようとしている背景には、中国への警戒感があります。それで、あらためて中国は脅威なのか、を伺いたい。

A　脅威の理由として、軍拡や海洋進出に見られる覇権志向、台湾武力統一や人権問題など非民主的な姿勢、共産党一党独裁など政治システムの問題など、その脅威の理由は様々なようですね。加えて嫌悪感や不快感といった人間が持つ負の感情が潜在していて、それが中国の軍拡状況や非人権状況、サイバー攻撃などの実態によって増幅される一方です。また、現在では年間の国民総生産額（GNP）が2700兆円となり、世界一の超経済大国となったこと。アメリカの2200兆円を500兆円ほども引き離していること、などへの驚きが警戒と憧憬というアンビバレンツな感情ともなって潜在しているかもしれません。

先に紹介した参考人で出席した参議院財政金融委員会の場でも、中国への赤裸々の敵対意識を露骨に表明された議員もおられました。私が中国から日本への侵略の可能性は絶無と述べたことに対し、参政党の若い議員さんは「チベットを侵略したではないか」と言われました。その議員さんは、チベットと日本とを同じ土俵の上に乗せて、とにかく中国の危険性を強調されようとしたのでしょう。中国政府のチベット対策は民族・宗教差別問題から派生した問題です。その実態は間接的にしか日本に情報提供されていないこともあります。

併せて言えば、新疆ウイグル自治区の少数民族への人権侵害非難キャンペーンが盛んに行われていますが、その背景の一つに世界の2割以上を占めるとされる新疆ウイグル産の綿を世界市場から排除しようとするアメリカの意図があることはほとんど知られていない事実ですね。西側報道によれば、綿花の収穫作業にウイグル族の人たちが強制労働に低賃金で駆り出されているとされていますが、実際には現地では機械化が非常に進んでいて、生産性が極めて高い地域とされている世界有数の綿花栽培地帯です。ただ、豊かになりつつある他民族と比べてウイグル族の生活水準は開発が遅れたこともあって依然低いままで、貧富の格差は明らかです。けれども米中関係が好転し、ウイグル産の綿花生産に見合った輸出増となれば、生活水準も向上するでしょう。

とにかく、中国であれ朝鮮であれ、外交の窓はいつもオープンにしておき、交渉のチャンネルを機能させることが全ての始まりとなると思います。友好関係の積み重ねのなかで、懸案事項の解決を図る度量が求められますね。そうした度量を発揮することで中国の人権問題も、朝鮮の拉致問題、慰安婦問題、徴用工問題などの課題を一歩一歩解決していくスタンスを採ることが肝要に思います。

■米中対立が日本に飛び火する

Q 「安保三文書」で明らかにされた中国を事実上の〝仮想敵国〟とすら見なす記述は、各方面に賛否をも含め、大きな衝撃を与えたと思います。なぜ、ここまで踏み込んだ記述を日本の公文書として公表したのでしょうか。その背景にアメリカの軍事戦略の変容があるように思いますが、その点についてかいつまんでお話し頂けますか。

A アメリカが軍事領域において中国を事実上のライバル国とするスタンスは、もちろん今に始まったことではありません。2001年9月11日の同時多発テロ事件以来、アメリカは暫く対テロ戦争に明け暮れるのですが、それが一応終息すると、今度は大国間戦争に備える戦略へと切り替えます。対テロ戦争という不正規戦争、つまり、国家対テロ組織という戦争から、中国やロシアなど大国との戦争を想定した戦略転換を果たすのです。それを比較的最近の戦略文書で簡単に追うと次のようになります。

実にさまざまな文書が出されているのですが、特に私が注目しているのは、2020年3月に出された「戦略デザイン2030」です。これは有事発生の際に緊急展開部隊として即応能力を最大の特徴とする陸軍、空軍、海軍に次ぐ海兵隊の兵力を18万6300人から17万4300人と1万2000人削減するものです。そこでは戦車の全廃、陸上戦略の根幹である歩兵大隊の削減などを断行するという思い切った改編が進められることになりました。

少し分かりにくい改編内容かも知れませんが、これは要するに強襲上陸部隊や内陸部隊を軽減し、即応戦力の強化、島嶼防衛と着・上陸阻止を担う沿岸戦闘部隊の編成が企画されているのです。単純明快に言ってしまえば、これは海兵隊の攻撃力や突進力を抑制して防禦力を強化し、柔軟な作戦展開を想定しての編成だと思われます。

Q　そうするとアジア地域に展開しているアメリカ軍部隊は、攻勢作戦よりも守勢作戦に特化するというようにも受け止められますね。

A　少しマニアックな話になってしまいそうですが、このアメリカの再編計画が何を目的としたものかについては、実にさまざまな読み解きが行われています。そのなかで私は米国防総省が２０２１年11月29日に公表した「グローバル・ポスチャー・レビュー」（地球規模の米軍態勢見直し）から、アメリカ軍の近年の動きを大分読み取れるのではないか、と考えています。

新聞報道によると、「豪州やグアムの米軍施設脅威に対抗する姿勢を改めて鮮明にした」とする報道があります。つまりここでの要点は、日本、韓国、オーストラリアなど地域の同盟・友好国との軍事連携を強化し、中国や朝鮮からの攻撃や脅威に備えるのだというのです。アメリカ軍部隊は最前線に出っ張ることを止めて、代わりに韓国や日本の部隊を代替させる戦略を採り始めているということです。

そのなかでも同盟国日本への依存度が年々高まっています。かつては対中国との作戦構想にあったアメリカ軍が槍や矛で日本や韓国の部隊は楯とされてきたものが、逆転現象が始まっていることです。特に自衛隊が最前線に押し出されることが、段々と明確になってくるということです。

Q　ということは、例えはよくないかも知れませんが、日本の自衛隊がアメリカ軍の雇い兵のような役割を受け持たされるということですか。いわばアメリカと中国に挟まれた日本と韓国が中国に正面から立ち向かえと言われていると。そのために反撃能力の保有を決断したといことになりますか。

A　今年の6月20日でしたね。日本の防衛費増額を決定した後、アメリカのバイデン大統領がカルフォルニア州での演説で、「私は3回、日本の指導者と会談し、防衛費増額を説得した」などと述べ、自身が働きかけた成果だと、満面に笑みを浮かべて発言しました。これに対して岸田内閣の松野博一官房長官が慌てて、いや防衛費増額は日本政府の主体的判断であって、アメリカに言われて決定したものでない、と弁明に追われました。

これは実に滑稽な茶番劇でした。アメリカの対中包囲戦略を担う助さんと角さんである日本と韓国が、水戸黄門たるアメリカに指示されて防衛予算の増額に踏み切った、踏み切らざる得なかったことは誰もが知っていることです。それは分かっていることだけど、あくまで日本独自の判断と言わざる得ない。独立国家の矜持としても、そう言わざるを得かったのでしょう。

いま日本の自衛隊は完全にアメリカの補完部隊となっていますから、如何にしたらアメリカの軍事戦略に呼応できるかに腐心しています。理屈としてはアメリカの巨大な戦力、核戦力をも含めてですが、これに依拠することで中国やロシア、朝鮮の脅威や攻勢を防ぐことが可能であり、同時に日本の安全保障にとって死活問題、という認識でいるのです。そうした認識は世論やメディア、さらには自公政権与党や野党の一部まで浸透していると言ってもよいのでしょうね。

アメリカのミサイルメーカーであるレイシオン社からトマホーク400発の購入が決定されましたが、この400発の根拠も実に怪しいものです。これは想像ですが、トマホークは何種類もあって、恐らく購入予定の、正確に言えば買わされるのは最新式のものではない可能性が高いと思われます。

レイシオンとしてはトマホークの在庫を抱えたくないことと、既存の生産ラインで生産すれば新たな設備投資もしなくて済みます。その間に蓄積した資金で次の世代のトマホークを研究開発・生産していくことで巨大な利益を確保できます。日本が御得意先として期待されているのですね。

■高揚する日本防衛産業界

Q　なるほど。武器輸出とか武器移転の問題は、そうした生産現場の実情が結構反映されているということでもあって、日本は格好の御得意さんというわけですね。

A　アメリカの軍需会社に限りませんが、軍需企業が猛烈に時の政権にロビー活動を逞しくして武器購入を迫るケースは、ある意味一般的な事柄です。そうした状況を横目で見ていた日本の防衛企業も武器輸出への道を開いた「防衛装備移転三原則」が「安保三文書」の策定により、一段とエスカレートしています。

つまり、武器輸出禁止規定が大きく緩和され、最近ではこの「防衛装備移転三原則」をさらに緩和して、歯止めとなっていた「事前同意」も事実上なくしてしまおうという動きがあります。事前に同意がなくとも、事後承認の形で事実上武器輸出への規制を設けない。

現在、日本はオーストラリアやベトナムなど「防衛装備品・技術移転協定」と結んでいますが、歯止めが解消されれば、日本は多国間への武器輸出が本格化することになりましょう。この流れのなかで紛争国のウクライナへの武器輸出への道を開いた「防衛装備移転三原則」が「安保三文書」の策定により、一段とエスカレートしています。「事前同意」というギリギリの歯止め策も骨抜きされようとしています。

アメリカ軍海外駐留兵力数の推移（単位：人）

順位	2011年9月		2021年3月	
	国・地域	人数	国・地域	人数
1	アフガニスタン	82,177	日本	55,297
2	日本	48,235	ドイツ	35,124
3	ドイツ	43,393	韓国	24,870
4	イラク	28,675	イタリア	12,455
5	韓国	28,271	イギリス	9,402
6	クウェート	16,811	グアム	6,125
7	カタール	11,812	バーレーン	3,898
8	イタリア	10,451	スペイン	2,868
9	キルギス	10,194	クウェート	2,191
10	イギリス	8,673	トルコ	1,683
	海外総計	336,645	海外総計	172,003

＊国防総省DMDCのデータから（『朝日新聞』2021年7月27日付）
＊纐纈厚『リベラリズムはどこへ行ったか』p.71-72所載のデータから作成

しかし、どのような事情があっても、紛争国への武器輸出・武器支援とは、日本が事実上参戦国と認定されることになります。例え、紛争解決のためだとしても、別の言葉で言えば「軍事介入」を意味します。そうした可能性を排除するために、日本国憲法では「戦争放棄」「戦力不保持」を謳っているのですが、骨抜きにされようとする有様ですね。

そうした意味で、確かに最近の日本政府の動きは、完全な軍事モードに入ってますね。経済力の相対的劣化を軍事力で補完し、世界の覇権を維持しようとするアメリカに追随してアジアでの覇権を握ろうとする日本は、アメリカの対中国包囲網の正面に立ち、その役割を一手に引き受けようとしています。まるでそれが日本の安全保障に貢献するという理由で。

こうした日本のアメリカへの従属ぶりと対中国包囲戦略上の出撃拠点としての日本には、アメリカ軍も相当のテコ入れをしています。単に武器を日本に買わせるだけでなく、在日米軍兵力の増強を着々と進めています。その状態を示す右頁の図をご覧ください。

これを見て直ぐに気付かれるのはおよそ10年前と比較して、２０２１年には在日米軍兵力が２位の４万８２３５人から１位の５万５２９７人へと７０６２人も増えているのです。ドイツ（８２６９人減）や韓国（３４０１人減）などアメリカの有力な同盟国は減らしています。イタリア（２００４人増）とイギリス（７２９人増）も増えてはいますが、日本とは比較にならない程度の増員です。いかに日本がアメリカの同盟国として重要視されているかです。それだけ日本はアメリカにとって使いやすい同盟国として〝評価〟されているわけです。

■防衛費増額問題

Q　現在、日本の安全保障問題に絡む法案の成立が相次いでおり、瞬く間に軍事国家日本への大変貌が明らかになっています。「防衛費財源確保法」「防衛産業基盤強化法」、それに「防衛装備移転三原則」のさらなる緩和化による武器輸出の本格化などがそうですね。

A　２０１５年９月19日に強行採決された安保法制から、この間の軍事国家への変貌ぶりには本当に深刻な危機感を抱きますね。防衛費の大増額も財源がクリアにされないままに結論ありきの内容で、「防衛費財源確保法」が成立しましたし、「防衛産業基盤強化法」は防衛産業（軍需産業）に国がテコ入れを施すことで軍需生産に国が一定の支援を行うことになりそうです。こうして、兵器の独立と兵器生産による外貨獲得への道を求め、そのために「防衛装備移転三原則」に盛り込まれた武器輸出への制限を事実上解消する手立てが講じられてようとしています。

つまり、「防衛装備移転三原則」が「安保三文書」の策定により、完全に骨抜きにされようとしているのです。特に「事前同意」というギリギリの歯止め策も骨抜きされようとしています。オーストラリアやベトナムなどとも「防衛装備品・技術移転協定」を結んでいますが、歯止めが解消されれば、日本は多国間への武器輸出が本格化することになりましょう。この流れなかで紛争国のウクライナへの武器輸出に乗り出す可能性が出てきました。いかなる事情があっても、紛争国への武器輸出・武器支援とは、日本が事実上参戦国と認定されることになります。

例え、紛争解決のためだとしても、別の言葉で言えば「軍事介入」を意味します。そうした可能性を排除するために、日本国憲法では「戦争放棄」「戦力不保持」を謳っているわけで、今回の措置は文字通り憲法を蔑ろにする暴挙です。禍根を残しかねない措置に強い危機感を抱きます。

とりわけ、今年7月上旬に公表された自民党と公明党による中間報告書では、従来の抑制的な武器輸出方針が緩和化される方向が示されました。つまり、殺傷能力のある武器も輸出の対象とされることにしたのです。焦眉の課題となっているのがイギリス・イタリアとの戦闘機の共同開発プロジェクトの推進です。アジアではインドネシアへの武器や中古の航空機エンジン輸出などが実行とされるでしょう[6]。

6 「武器輸出　制限緩和への論点」（『朝日新聞』２０２３年８月１日付）参照。

Q　一連の法律は、言うならば〝日本軍事化法〟のようなものですね。そのなかでも、やはり大きな衝撃となったのは防衛費の大増額だと思います。ロシアのウクライナ侵略が大増額の引き金になっていることは分かるのですが、果たしてこの事態をいかに読み取ったらよいのでしょうか。

A　防衛予算の推移で明らかなように、毎年確実な防衛費の増額が続いてきましたね。２０２３年度以降は対ＧＮＰ比２％の増額が既定路線の如く議論されていることから、来年度は過去最大の防衛費が見込まれています。その上に金額を明示しない１００項目もの事項要求がなされることになっており、最終的には６兆５０００億円前後に大増額となることが決められてしまいました。

Q　一連の防衛費増額の理由として抑止力強化や同盟国としての責任などが繰り返されます。それにしても「抑止神話」と言い、「同盟信仰」と言い、なぜかくも没主体的なスタンスを血肉化してしまったのでしょう。

A　それは換言すれば他者依存型の精神なのです。それが国家の次元にも通底していて、近代国家日本が欧米に伍していくためには、他のアジア近隣諸国を切り随え、欧米に匹敵する帝国を築くのが日本国家国民のアイデンティティとなった。つまり、アジア諸国間における筆頭的立場として帝国日本にアジア民衆を切り随わせる精神や思想が日本で戦後の現在までも通底しているのではないか、と考えてしまいますね。戦前は「八紘一宇《はっこういちう》」の天皇制イデオロギーが数多の民衆の意識を動員することになりました。

一言で言えば、帝国日本の国民（戦前は臣民）に適合するには、権力者たちが繰り出す「動員・統制・管理」の基本原理に従うことが前提となりました。それが帝国日本、戦争国家日本を支え続けることになります。そうしたことが日本をして侵略国家となり、敗戦の憂き目に遭遇する。敗戦を契機に日本国憲法を手にした国民は、戦前の反省から今度は「自由・自治・自立」を基本原理とする戦後日本社会を構想することになりました。

しかし、この基本原理が戦後のアメリカ支配の前に換骨奪胎されていきます。多少洗練されはしたけれど、気づいてみれば、やはり「動員・統制・管理」の基本原理が戦後の保守政治を生み出してしまったと。問題は「動員・統制・管理」は誰が担うのかと言えば、日米安保によって拘束されたに等しい状態に追い込んでいるアメリカということになるのではないか。

少し話が大きくなってしまいましたが、「抑止神話」や「同盟信仰」を支えるものは、没主体的な日本政治、その日本政治の誤りを是正できない圧倒的な日本人ということになるかも知れない。となると戦前体験を戦後体験化させられる事態を迎えている。それを「新しい戦前」とか「戦前を歩かされている」などと表現するのですね。

Q　日本政府が抑止力や同盟への依存を止めない理由は何でしょうか。思惑というか、何があるのかと思いますね。

A　もちろん日本の、抑止力や同盟への依存は、日本独自の選択という次元だけでなく、アメリカを中心とする国際覇権主義に沿って、日本の立ち位置を考えた場合の選択かも知れませんね。しかし問題は、例えそうだとしても、これまで述べてきたように、それは軍拡を招き、国家体質を軍事化し、戦争の危機に、国民の生命と財産、そして未来を晒すことを意味しています。後から述べますが、それに対して日本は「非武装中立・非同盟」の選択もあり得るわけですから、抑止力と同盟だけが唯一無二の選択だとは到底思えないのです。

アメリカとのあらゆる分野と領域において深い関係が構造化し、ヒト・モノ・カネのレベルで一連托生の関係を取り結んでしまっている。有力政治家が少しでもアメリカの機嫌を損ねると、酷い竹篦《しっ》返《ぺがえ》しにあった歴史を何度か目の当りにしてきたわけです。田中角栄、小沢一郎、鳩山由紀夫らの名前がすぐに浮かんできますね。

そうしたアメリカの怖さを身に染みて知っている有力政治家たちは、その振る舞いにおいて親米的スタンスを崩さない、崩せないという立場に置かれ続けているのです。そうした対米関係の見直しの機会が段々と少なくなっているようにも思います。

アメリカの思惑に便乗することによって国内政治で主導権を握り続けてきた日本の保守政治・保守政界が、現在、中国脅威論・朝鮮脅威論を振りかざしながら、揺るぎ始めたかに見える日本の保守政治の引き締めにかかっているのです。その法的表現が新安保法制であったりし、中国・朝鮮脅威論が保守権力を担保する口実となっているのです。

Q　6月1日の参考人陳述でも強調されていましたが、ロシアのウクライナ侵略は、抑止力論が

破綻している証拠だというのは理解できました。それとロシアの侵略戦争が国連憲章違反ということで国際社会から猛烈な批判を受けましたが、そもそも国連憲章の第2条4項には、国連加盟国間では侵略だけでなく、脅威をも与えてはいけないと記されてますね。そこで抑止力とは平時において相手国に脅威を与え続け、戦争を抑止するという筋立てになっていると思います。つまり、抑止力論は、既に国連憲章において事実上禁止されているのではないですか。

A　大切なポイントですね。ご指摘の通り、国連憲章の第2章4項には「すべての加盟国は、その国際関係において、武力による威嚇又は武力の行使を、いかなる国の領土保全又は政治的独立に対するものも、また、国際連合の目的と両立しない他のいかなる方法によるものも慎まなければならない」（傍点引用者）とあります。

国連憲章でも日本国憲法でも侵略行為だけでなく、武力による威嚇行為も禁じているわけです。ロシアのウクライナ侵略は、間違いなく国連憲章違反であり、国際社会から厳しく批判されています。これは至極当然のことです。忘れてならないことは、同時に威嚇行為も否定されていることです。ですから、抑止力による事実上の威嚇行為も否定されるべきです。

ただ、抑止力や対処力を、どの程度の威嚇と受け取るかは、相手方の認識の問題となります。明確に言えることは、日本の武力や反撃能力による抑止力という名の威嚇行為に、相手側がどれだけ脅威感情を抱いているか、それについて往々にして私たちは無頓着であることです。

中国の軍拡に、日本政府及び日本国民の多くが脅威感情を抱いていると同様に、中国政府及び中国国民も同様に、日本への脅威感情を募らせているはずです。このところ中国のメディアにおける「安保三文書」や防衛費増額の動きへの、過剰とも思える報道ぶりに、そのことが遺憾なく示されています。

それならば相互抑止が働いて、戦争に至らないから問題ないではないか、と受け止められるかもしれません。しかしながら、常に戦争や紛争の火種になりかねない相互抑止は、相互に軍拡を構造化します。実際、米中間では猛烈な軍拡競争が始まっていますし、日中間でも同様の事態が進行中です。こうした緊張を続けることで国民の不安感や危機感が、徒《いたずら》に増幅されていくことは好ましいことではありません。まさに「安全保障のジレンマ」に陥っているわけです。

そうした事態を一段と増長するのが、今回の「安保三文書」に示された、新たな段階に入った日本の防衛政策であり、それを資金面で担保しようとするのが「防衛費財源確保法」です。この点から同法は〝戦争発動財源法〟、あるいは〝威嚇行為財源法〟と、あえて指摘させて頂きたいと思います。

Q　先程も一度お聞きしたのですが、日本国内では「抑止力神話」や「同盟信仰」の呪縛から解放されない人たちが余りにも多いのですが、逆に抑止力が戦争抑止に繋がったという事実は検証可能なのですか。

A　逆の事実はある意味で簡単に指摘できますね。強大なNATO軍の戦力でもロシアの戦争発動を抑止・防止できなかったことは、いわゆる抑止力論がそもそも空想であったことを示していると思います。

抑止力とは、果てしなき軍拡を招くものであり、相互に緊張関係を深めるだけのものです。ロシアとウクライナの戦争の原因は、ロシアの覇権主義や大ロシア主義など数多ありますが、私たちが学ぶべきは抑止力強化の名による軍事力の強化や、同盟など軍事ブロック自体が、戦争の主要な原因となることです。ロシアの侵略戦争を肯定するものでは全くありませんが、NATO諸国による東方拡大という名の抑止力による威嚇あるいは恫喝への反作用が、この侵略戦争の一つの原因だとすれば、この戦争を素材にして抑止力論の危うさを、今一度再考する必要があるのではないでしょうか。

重厚長大な軍事力を保持したとしても、戦争は防止できません。むしろ逆に戦争の原因を生み出してしまうのです。そのような国家間関係の対立・軋轢・課題などの解決策を平時から正面に据えて見出すことが、戦争防止と平和構築の要諦だと思います。

それと抑止力とは相手側にすれば軍事力そのものですから、そこには最初から「軍事には軍事を」という軍事力中心主義が幅を利かすことになります。まさに「安全保障のジレンマ」と言われる軍拡競争が始まってしまいます。その過程で軍事主義が蔓延していくことになります。

それゆえ、抑止力神話から脱却し、軍拡の連鎖を断ち切る勇気と自覚が求められています。それは与野党を違わず、政治の大きな責任だと思います。

依然として「抑止力の神話」や「同盟信仰」の呪縛から解放されない「安保三文書」は極めて危険な文書と言わざるを得ず、安全保障と言いながら、国民の生命・財産・健康を危険に陥れるものと考えます。あえて言えば、非常に古色蒼然としたアナログの安全保障論が抑止論や同盟論です。

3

軍事大国化進める岸田政権を批判する

――日米安保のＮＡＴＯ化を許してはならない

（1）新安保体制下の政治はどうなるのか

■平和国家から軍事国家への転換

Q　ここでは新安保体制下に置かれることになった日本の安全保障問題を網羅的に話してください。昨年2022年は安倍晋三元首相の殺害という忌まわしい事件が起きました。その殺害の背景にはさまざまな要因があろうかと思います。統一教会が岸信介から安倍晋三に至るまで保守権力に食い込んでいた実態が暴露されましたが。それは同時に日本の保守支配構造の内実をも明らかにしたと思います。

そうした保守構造が一見崩れゆく可能性を見てとることもできますが、一方では新安保体制という、ある意味では保守権力の強化とも指摘できる政策の採用が急ピッチに進んでいます。その辺の点からお話を始めて頂けますか。

A　まず、新安保法制は従来の安保法体系を根底から否定し、全く新しい安保体制を日本に強いるものとなりました。それまでの安保法体系あるいは安保体制は、二国間条約として日本の再軍事化を阻止、日本をして近代国家を構成する軍事力の実態を根底から削ぎ、可能性としての軍事国家の構造自体を否定するものでした。

一般的には「瓶の蓋論」と言われるものですが、日米安保という二国間条約により日本をして脱軍事国家へと誘い、軍事レベルの去勢を徹底することで日本をして半国家《セミステイト》としておくことがアメリカの初期における対日政策でした。それは日米安保改定によっても基本原則は不変でした。そこから対米従属論などの批判が生まれたわけです。

しかし、新安保法制の名称は「新」を枕につけて、新たな要素が追加されたとする解釈がなされていますが、内実は新安保法制とは、旧安保法制を完全否定するものと解すべきものだと思います。つまり、新安保法制は安保のアジア化、世界化を示すだけでなく、日本国家自体に軍事国家としての体質を身に着けさせ、恒久化するための法制といえます。日本に急迫不正の攻撃がなされずとも、アメリカという「他国」のために防衛出動を可能にしたわけですから、安保が「他国」との連携のなかで多国籍軍の一翼を担い、戦争という手段を外交政策の一つとして使用する覚悟と用意をすることになったのです。その意味で、現在「戦争ができる国」から「戦争をする国」への転換が図られている、と捉えるべきではないでしょうか。

Q　「戦争ができる国」から「戦争をする国」という転換は、要するに戦争をする能力と準備が整っただけでなく、日本が自ら戦争をする意図を持つことになったという意味ですか。

A　そういうことになりますね。現行憲法の、特に平和主義が根底から覆されたことを意味します。それを私たちは「戦争のできる国」として批判の俎上に載せたわけです。この新安保法制が存在する限り、平和主義や平和外交を実践することは頗《すこぶ》る困難となったと言えるのではないでしょうか。

さらに今日的な問題として、ロシアのウクライナ侵略に連動して日米安保のレベルとしてNATO化が急速に浮上してきていることです。日米安保はQUADによる4カ国の多国籍安保から

ＮＡＴＯ諸国との連携構想の具体的進展の可能性のなかで、いよいよロシア・中国を対象として、新たな軍事ブロックの一方に日本が丸ごと包摂される危険性が現実となっていることです。

Ｑ　新しい問題が次々と生じるなか、一方では憲法改悪の動きは一見後方に退いた感がありますが、決してそうでないと思います。自民党は憲法改正４項目案なるものを俎上に挙げていますが、今日の状況を考えれば「自衛隊加憲」の問題が一番大きな改正案だと思うのです。

Ａ　確かに、憲法改悪の動きは鈍くなったのではないかという見解を示される方々が護憲論者のなかにも増えているような気がします。私は決してそうは思いません。憲法の明文改憲に走らずとも、実質的に「戦争をする国」への転換が新安保法制をはじめとする軍事立法によって進行しているわけですから、いわゆる解釈改憲でよいのではないか、とする判断が改憲派のなかにも存在することは確かです。

しかし、私の見立てでは楽観論は禁物に思います。改憲論者の見通しとして、先ず既成事実を創り上げ、それを実体化するために改憲を進めようとする手法が定着しつつある感もします。

新安保法制から昨今の敵基地攻撃能力、これを途中から反撃能力とする言い換えが行われましたが、言葉の問題以上の違いはありません。要するに先制攻撃を辞さないことを示しており、いうまでもなく憲法違反の危険な作戦構想です。直接侵略への対応から自衛戦争としての防衛出動を予定する限り、それを専守防衛戦略と呼んできましたが、直接侵略があって国内に戦禍が及ばないうちに、相手側に攻撃を仕掛けるという体制を整備しようとしているわけです。これ以上の憲法違反はないのです。

Q　でもなぜ、そこまで強面《こわもて》の作戦方針を採用したのでしょうか。現代の軍事技術では、攻撃される前に攻撃することが防衛を全うする最善の方法とする考えもあるようですが。

A　純軍事的には、攻撃されて被害を受ける前に、相手側の攻撃力を削ぐというのが合理的かつ説得的かも知れません。現代の戦争手法としては、それがあたかも当たり前とする判断が大手を振るようになりました。でもこうした考えを一端認めると、戦争への敷居が格段と低くなります。言うならば戦争へのバリアが消滅してしまいます。そうすると、相手国や相手組織への不信感や警戒感を抱き、戦争挑発の可能性を勝手に読み採って先に攻撃を仕掛けることが常態化することになります。

ロシアがウクライナ侵略戦争を開始したように、戦争が非常に簡単に起きてしまう世界となってしまいます。いや、もうそうなっているかもしれませんね。そうした戦争バリアフリー状態を是正するために何が必要かが、現在問われているのではないでしょうか。

それで対立あるいは軋轢を深める段階において、相手方との交渉や交流を逞しくすることで戦争という最終手段に至らないための努力が必要です。そして、ここで特に強調したいのは軍備とか同盟というのは、相互信頼醸成のための阻害要因となることです。そこで軍縮とか非同盟とかの軍事外交政策の大胆な採用が求められていると思うのです。

■ファシズムの風が吹き荒れる国際政治

Q　その通りには思いますが、相互信頼醸成というのは言うは簡単ですが、現代の国家で自己保存とか一国至上主義、あるいはナショナリズムが非常に強くなっているなかで、ますますそれは難しくなっているのではないでしょうか。だから軍備を逞しくして張り合うしかないのだと。それに加えて大国の覇権主義だの、軍需産業界のサポートなど、戦争政策に踏み出す要因がドンドン増えているように思うのですが。

A　それは間違いないですね。私は現代の国際社会は、ファシズムの嵐が吹き始めていると思います。ヨーロッパでは、2022年10月22日、イタリアではジョルジャ・メローニ首相という極右翼政党「イタリアの同胞（Fratelli d'Italia：FdI）の党首が首相に就きました。FdIは、イタリア・ナショナリズムを標榜する極右翼政党とみなされています。

フランスでも先の2022年4月24日のフランス大統領選挙では、フランス革命の否定を標榜するフランス王統派の流れを受け継ぐ右翼政党国民運動の党首であるマリオン・アンヌ・ペリーヌ・ルペン（Marion Anne Perrine Le Pen）が、得票率で現職のマクロン候補（55・8%）に次いで、第2位（41・2%）となり、大きな話題となりました。さらに同年6月12日と19日に実施された国民議会選挙でマクロン大統領の与党「共和国前進」（大統領選後に党名を「再生」に変更）が245議席、メランション率いる左派連合が131議席、そして、ルペン率いる国民運動が89議席を獲得し、第3政党に躍進しています。

元来、イタリアやフランスはユーロ・コミュニズムが一時勢いを得たところではあります。現在では右翼政党の強いところですが、ここにきてその勢いが増しています。この他にドイツやオーストリア、オランダなどいわゆるヨーロッパ先進国でも軒並み右翼政党が政権奪取の可能性を高めています。現在、国際社会ではネオ・ファシズム、ネオ・ナチズムと称すべき思想潮流が大手を振っています。ドイツでは、ドイツ社民党（ＳＰＤ）を中心とする連立政権が登場しました。そのドイツでもオーストリア、オランダ、イタリア、そして、２０２３年7月現在、大きな話題となっているスペインのサンティアゴ・アバスガル率いる極右政党のＶＯＸ（スペイン語で「声」）なども含め、右派やファシストグループが大きな勢力となっています。

それは気候問題などもありますが、移民問題や生活問題など目に見える争点が目白押しであり、そこに明確な選択を求める政治の議論が活発に展開されているがゆえに、いわゆる浮動層・無党派層も動いたのです。その点、ヨーロッパの右翼は日本のそれと多少違っています。フランスには、このような可視化された問題に向き合わざるを得ない政治理念があり、それに向き合わせる家庭や教育の現場、政治家たちの努力があるのです。

右翼は、あなたのなかにあるものを吐き出しなさいと言う。左翼は、あなたのなかにあるものをまず自己解体しなさい、それから議論を始めましょうと言う。両者とも、政治課題を自分事として捉えさせようと懸命に訴えているのです。

Ｑ　フランスの国民議会選挙で左翼連合を成立させたメランションという人物が注目されました

が、彼もそうした訴えを行ったのですか。

A　メランションは若者たちに、投票に行かないで政治に文句は絶対に言うな、と言ったそうです。このように、若者へのアプローチにリアリティがあるのです[1]。

過日、あるユーチューブ番組に出演した折、東京とパリとを結んだライブでフランス在住の日本人ジャーナリストと意見交換する機会がありました[2]。そこで、メランションが若者に語りかける言葉を持っているし、他方でルペンも持っているというような面白い話をたくさん聞かせてもらいました。しかしその一方で、持っていないのはエリート集団のマクロンだと言っていました。それは正鵠を射ていると思います。一方、日本の政治家は、青年層に対して語りかける言葉を持っていない。だからレスポンスするチャンスがないのです。これは非常に深刻です。

日本には問題が潜在しながらも、政治の流動的な局面が起きていないことに注目が集まっています。深刻な貧困や差別、抑圧が存在しながら、なぜ反体制運動、あるいは反保守運動が起きないかは頗《すこぶ》る問題です。そこには既成野党勢力の政策の貧困さや、メランションのように浮動層・無党派層に訴えかける発信力を持った政治家の不在があります。また、そうした政治家を育てる有権者の政治的無関心も大きいです。

リベラリズム再興のために必要なことは、現実政治の中で言えば、現在岸田政権が進めている過剰なまでの軍事主義が、リベラリズムと対置するものであり、それと真逆の発想から来ていることを明らかにすることです。攻められてもいないのに、さらにアメリカという「他国」が攻撃を受けた場合、日本が急迫不正の攻撃をしかけられたと同一の意味だと解して軍事行動を起こすことを約束した集団的自衛権行使などはもってのほかです。

こうした問題を踏まえて、敵基地攻撃論や自衛隊憲法明記を目的とする「改憲ミリタリズム」と、脱軍事・脱原発・脱同盟などを目指す「護憲リベラリズム」との対峙の構図をクリアに示していくことが先ず求められています。

1　ジャン＝リュック・メランション（Jean-Luc Mélenchon,1951-）、は２０２２年6月の国民会議選挙で左翼連合（ＪＬＭ）を率い、第3政党に躍進。社会党から離れ、「不服従のフランス」を結党。フランス大統領選にも出馬。マクロン、ルペンに次いで第3位でした。

2　「リベラリズムという種を撒こう！」（レイバーネットＴＶ　ウェブ２０２２年6月19日放映、スタジオゲスト＝纐纈厚、フランスゲスト＝飛幡祐規・辻俊子、labornetjp.org=www.labornetjp.org/news/2022/0615hokoku）

Q　ヨーロッパにおけるファシズム運動が活性化している背景には何があるのでしょうか。

Ａ　数多の理由が重なった複合的な理由ですね。外国からの移民への反発、貧困化に伴う社会不安などさまざまですが、そうした矛盾が現状への不満として示されていることです。別の言い方をすれば、既存の体制・秩序・思想・道徳観念など市民に内在する精神的心理的不安と物理的社会的な困難などがあります。民主主義とか平和主義、あるいはリベラリズムなど、いわば欧米社会に通底してきた価値や観念が力を失っているのです。

資本主義にも社会主義にも、飽き足らない数多の市民が既存の政治に期待できなくなっている。一体何を頼ったらよいのか、途方に暮れ始めているのです。もちろん、そうした社会的矛盾は男女差別や人権、差別などの形を取って表出しているのです。

それと労働者も既存の労働組合運動も革新政党も頼りにならず、既成の思想や運動論、あるいはイデオロギーが信用を失っていることも看過できない大きな理由ですね。そうしたことの反映として、ヨーロッパ政治ではミュニシパリズム[3]なる運動論が盛んとなっていますね。

3　ミュニシパリズム（Mnucipalism）とは、本来「都市自治体統治」を意味し、Municipal（地方政治）において新しい生活スタイルを模索するなかで足元から政治を再定義する改革運動を示す。直接民主主義、エコロジー、ジェンダー平等、移民・難民の人権、反汚職、行き過ぎた資本主義にNOを突き付けた。スペインのバルセロナが発祥の地とされる。

■"死せる安倍、岸田を走らす"

Q　もう一度日本の政治に目を転じます。ここでは軍事大国化を進める岸田文雄政権が抱える問題を、特に日米安保や準NATO化の問題など批判して欲しいと思います。本書のタイトルになっています「非同盟」の課題との絡みで触れてください。

A　戦後日本は日米安保によりアメリカとの二国間軍事同盟を結び、アメリカ陣営の一員として国際社会に向き合ってきました。それが2007年5月にアメリカ、オーストラリア、インド、日本の4カ国の準軍事同盟とも言えるQUAD[4]の一員となり、オーストラリア、イギリス、アメリカの三国軍事同盟で、2021年9月に発足したAUKUSの連携を強めています。

そして、およそ1年前の話ですが、2022年6月29日、岸田首相はスペインのマドリードで開催のNATO首脳会合に日本の首脳として初めて出席しました。そこで欧州とインド太平洋の安全保障が切り離せないとの認識を示し「ウクライナは明日の東アジアかもしれない」との強い危機感を表明しました。そのうえで、日本は本年末までに新たな国家安全保障戦略等を策定すること、日本の防衛力を5年以内に抜本的に強化し、防衛費の相当な増額を確保すること等の決意を表明したのです。これが本書でも冒頭で取りあげた「安保三文書」です。その内容についてはそこで読み解いた通りです。

1年前のNATO首脳会合の場で、岸田首相はは日米同盟を新たな高みに引き上げながら、パートナーとの安全保障協力も強化していくとし、新時代の日本とNATOとの協力の地平を開くため「日本及びNATO国別パートナーシップ協力計画」（IPCP）文書を大幅にアップグレードするとも述べました。岸田首相発言は、日本の軍事安全保障戦略を日米二カ国間からQUADへ、さらに複数国間安全保障協定に持ち込み、またロシアのウクライナ侵攻を奇禍として、超多国間安全保障戦略へ転換を図ろうとするものと言えます。そして現在ではNATOの東京事務所開設への動きが表面化しています。

2023年8月段階では不透明ですが、日本が近い将来にNATO国入りする構想を仄めかしている状況です。言わば日本の準NATO化ですが、要するに日本が既存の軍事ブロックに加えて国際社会における最大の軍事ブロックに参入することで国際社会において中国、ロシア、朝鮮などを念頭に敵対的な集団安全保障体制の一員として日本の安全保障レベルを最大化しようとする意向のようです。

そこでは軍事力によって国際秩序を主導する枠組みに身を置くことで日本の安全を恒久化すると

いう説明がなされるでしょう。しかし、基本的に軍事力を中心とする集団的安全保障体制が結局は敵と味方とを峻別することになります。逆に対立や軋轢を増し、紛争や戦争へと発展する可能性を深めるだけとする合理的な判断が後方に追いやられていることが大きな問題となります。

換言すれば軍事同盟に依拠して得られる「安全」と、対立や軋轢、緊張や不信を増幅するような体制選択が果たして国際社会の在り様からして好ましいものでないことは明らかです。

いずれにせよ岸田政権の暴走ぶりは激しくなるばかりです。岸田首相は、背中に安倍元首相を背負いながら、安倍路線を引き継ぎ、それに一段と拍車をかけています。言うならば、安倍元首相が日本をして「戦争のできる国」へと舵切りしたように、岸田首相は「戦争をする国」へと大きく押し出していると言えます。

少し余談になりますが、2023年7月8日、安倍元首相の一周忌の集いの場で、岸田首相は「安倍元首相はライバルだった」と発言し、安倍元首相の追随者というイメージを払拭しようとしました。それを私の比喩に従って言えば、自らの背中に背負っていた安倍元首相を下ろして、自らの立ち位置を鮮明にしようとしたのでしょう。そこから見えてくるのは、日本の一層の軍事化です。その文脈においてNATOへの接近の意図を読み取る必要もありそうですね。

4　日米豪印戦略対話（Quadrilateral Security Dialogue）のこと。略称のQUAD（クアッド）は四つを意味するクアドルプルの略。2007年5月に成立。

Q　でもフランスのマクロン大統領は、NATO東京事務所開設への動きには賛成しないと表明

していますね。

A　そうなんですね。今年（2023年）7月7日にマクロン仏大統領は、NATOのストルテンベルグ事務総長に反対の意向を伝えたと明らかにしました。この問題をめぐっては、冨田浩司駐米大使が2023年5月にワシントンで講演した際、NATOと日本の「連携強化の取り組みの一つ」として、東京に連絡事務所を開く方向で調整が進んでいることを明らかにしていました。まだ流動的ですが、アメリカと日本がこの問題に前向きであることは確かですね。

Q　多国間軍事ブロック参入による集団的安全保障体制を選択することは、いったいいつごろから構想されたのでしょうか。

A　長期政権を強いた安倍晋三政権の下での構想が着々と実現していったということでしょうね。それが世論ではハト派とされた宏池会出身の岸田政権の下で、そのハト派変じてタカ派的な安全保障体制が強化されていったわけですね。安倍の遺訓とばかりに、岸田政権下で軍事大国化が急ピッチです。

その有様は、言うならば〝死せる安倍、岸田を走らす〟の感すらあります。岸田首相はその背中に〝安倍〟を背負っていると。その状態から脱するために、先ほど述べた通り、岸田首相は安倍元首相をライバルだったと言い放ったのです。安倍元首相と岸田首相との関係の真相はどうでもよいのですが、安倍元首相の軍事化路線とは差別化を図るために、さらなる軍事化路線に奔走していることが大きな問題です。

Q　安全保障体制を危険視する議論も多くありますが、いかなる段階を得て軍事主義優先の安全保障論に奔走することになったのでしょうか。

A　そうですね、安倍政権時代から現在まで、日本の軍事大国化は三段階に分けることができます。第一段階は集団的自衛権行使容認と新安保法制による「戦争のできる国家日本」への転換、第二段階は安倍元首相が〝ダイヤモンドセキュリティー〟と呼んだＱＵＡＤによる多国間軍事同盟の本格起動、第三段階は防衛費倍増や敵基地攻撃能力さらにはＱＵＡＤとＮＡＴＯの接合による〝アジア版ＮＡＴＯ体制〟の構築です。最終的には、ＮＡＴＯ＋インド太平洋同盟による対中国・対ロシア封じ込め軍事戦略の立ち上げが意図されていると見てよいでしょう。

従って、現在は第二段階から第三段階への途次にあると言えるのではないでしょうか。これら諸段階は直線的に進むというより、重層的な動きとして立ち現れる。これら全ての段階で日本の防衛政策は、アメリカの軍事戦略の枠組みのなかで設定され、政策化される。そして、ロシアのウクライナ侵略戦争によって、この段階の展開に拍車がかかっていると捉えられます[5]。

5　纐纈は『東京新聞』（２０２２年10月８日付）の取材に対し、以下のコメントを寄せている。「岸田氏は「軽武装・経済重視」の流れをくむ宏池会会長だが、纐纈氏は、今や安倍氏の「遺志」を継いでいると分析。「岸田氏は、自民党内の最大会派である安倍派とうまく付き合わないと政権を維持できない。亡くなった安倍氏に頼らざるを得ないような岸田政権は、一皮むけば安倍政権と同じだ」。

■日米安保のＮＡＴＯ化の危うさ

Q　日本がアジア版NATO構築に前のめりになることに問題はないでしょうか。

A　集団安全保障体制というのは、あくまで国連を中心とするものであって、アメリカに主導されたNATO条約の第5条で加盟国への攻撃は全加盟国への攻撃とする集団防衛義務が規定されています。そうなれば日本の軍事行動の範囲が、一気に拡大することを意味します。そのことは次の二つの点で大きな問題となります。

第一に、日本国憲法との関連です。非武装中立・非同盟にこそ平和憲法の基本である。日米軍事同盟により骨抜き状態にあるが、平和憲法の原点に回帰するのが戦後の護憲運動の目的であったはずです。

第二に、日本の無制限な軍拡を招くことです。アメリカに追随して対中国包囲戦略の一翼を担おうとしている日本が、中国を筆頭に対ロシア・対朝鮮などを含めて軍事ターゲットを拡大していくことは、必然的に軍事機構の肥大化を招くことになります。ただ、現時点でQUADがアジア版NATOに〝昇格〟する可能性はあるのか、と問えば、多くの疑問符が付く。現実にQUADの一員であるインドは、中国・ロシアとの協力関係を崩していません。

QUADは、2006年に当時の安倍元首相が提唱したもの。当初は4カ国に限らず、多くのアジア諸国の参加を期待したが失敗しました。トランプ前米大統領時代に復活しましたが、依然4カ国に留まっています。

インドのジャイシャンカル外相（当時）は、2022年4月15日、多国間フォーラムのライシナ・ダイアローグの席上、「インドがいわゆるNATO同盟のような考えを持ったことはない」と言い切ったのです。NATOは多国間軍事同盟であり、仮想敵国を設定します。日本はそれをターゲットとする軍事的安全保障政策ではなく、日本国憲法が示す平和主義に則り、「いのちの安全保障」等自立した外交防衛政策の展開が必要ではないかと思います。

■罷《まか》り通る自衛隊軍拡

Q　自衛隊装備の拡充が新安保法制制定以後、一段と勢いを増しています。すでに話にも出ましたが「専守防衛戦略」を採ると言われる自衛隊にありながら、極めて攻撃性の高い正面装備が目立ちます。すなわち、集団的自衛権行使容認や新安保法制がソフト面の、装備拡充がハード面の軍拡と言える。この両方がワンセットとなって自衛隊軍拡が進められているように思いますが。

A　軍拡の象徴事例が海上自衛隊の護衛艦「いずも」と「かが」の軽空母化です。両艦には最新鋭戦闘機F35ライトニングBが搭載され、航空自衛隊のF35Aには、ノルウェーのコングスベルク社が開発した対艦・対地巡航ミサイルJSMが搭載予定だです。これは、射程が500㎞に及ぶ敵基地攻撃能力を有するミサイルです。

それが配備されれば、憲法第9条との齟齬《そご》が決定的となり、自衛隊の基本戦略である「専守防衛」は死語となります。ついには、アメリカ=矛《ほこ》、自衛隊=盾《たて》の従来までの関係が逆転する。自衛隊が合法だとしても、それは「必要最小限度の防衛力」としてギリギリのところで許容されてきたのです。軽空母にしてもJSMにしても、明らかに攻撃兵器として運用されることになっています。

これに加えて、2022年9月1日、浜田防衛相（当時）は基準排水量2万トン（全長210m・幅40m）、1隻2500億円前後もする巨大イージス艦2隻の建艦計画を明らかにしました。2024年から建造開始となると記者会見で明らかにした。まさに大艦巨砲主義の再来です。

日本の重厚長大な軍拡の一方で、中国側から日本及び在日米軍基地への攻撃の可能性は極めて乏しく、在り得るとすればアメリカの対中国包囲戦略の発動に中国側からの反撃で開始される戦争です。逆に言えば、アメリカ及び日本が軍事発動しない限り、中国側から日本への先制攻撃は在り得ないということです。〝第二次日中戦争〟が起これば、1200㎞に及ぶ沖縄・南西諸島が戦場化することになります。

むしろ、日米が共同して中国に攻撃を仕掛ける可能性の方が圧倒的に大きい。そのための演習事例として、2020年10月から11月にかけて実施されたキーン・ソード（鋭い剣）演習は、自衛隊約3万7000人、アメリカ軍9000人が参加する大軍事演習でした。さらに、2021年9月から11月にかけて実施された陸上自衛隊の演習は、全国の陸自部隊が九州地方に展開する大演習でした。

■沖縄・南西諸島が戦場となる危うさ

Q　アメリカの対中包囲戦略の先兵となるべく自衛隊は多大の貢献を期待されています。特に沖縄・南西諸島において自衛隊のミサイルやレーダーの基地が相次ぎ建設されています。こうした

事態を簡単に紹介してください。

A　現在、沖縄・南西諸島に配備されているPAC3ミサイルは地対空ミサイルです。そこにアメリカが中距離ミサイルを持ち込み、アメリカ軍と自衛隊が共同して運用する可能性が大ですね。アメリカは現在INF条約により禁止されてきた中距離ミサイルの開発に着手し、実験に成功しています。近いうちにアジア太平洋地域のアメリカ軍基地への配備が予定されています。

特にアメリカは中国の空母キラーと評されるYJ91（鷹撃91）やDF21（東風21）対艦ミサイルなどに対抗するため、中距離ミサイルを沖縄をはじめ、在日米軍基地に配備予定です。実は、2018年5月にCSIC（米戦略国防研究所）の報告書には、「太平洋の盾―巨大なイージス駆逐艦としての日本」という表現で、沖縄・南西諸島を中心に、日本列島を丸ごとアメリカ本土防衛の楯として位置付けています[6]。日本列島までが、もうひとつの〝イージス艦〟とみなされるのです。

6『琉球新報』2019年10月3日付。

Q　具体的にはどの地域にミサイル陣地が設営されるのですか。

A　アメリカの対中国包囲戦略の一環として策定された作戦計画は、小規模分散部隊を第一列島線上に配置し、敵ミサイルの射程内で戦う。配備拠点候補は12カ所で、日本の対馬、馬毛島、奄美大島、沖縄本島、宮古島、石垣島、与那国島です。

また、2000人規模の海兵沿岸部隊をハワイ、沖縄、グアムに展開し、対艦・対空ミサイルを装備する予定です。海兵隊は戦車を廃止し、強襲上陸作戦部隊から海空軍援護部隊に再編する。同時並行してアメリカ・レイセオン社製の射程９００㎞とされるＬＲＡＳＭ[7]や統合空対地スタンド・オフ・ミサイルＪＡＳＭの導入計画を促進するとしています。

日米共同作戦の骨子は、日本政府・防衛省・自衛隊の説明する離島防衛ではなく、縦深性が担保された攻撃のための戦列を構築する目的と言えます。そこではミサイル攻撃の陣形に加え、沖縄米海兵隊と同一装備の日本版海兵隊である水陸機動団（２０１９年に開隊）が連動して、敵地攻撃の後に敵制圧部隊として進攻作戦を担当します。

アメリカの対中国包囲戦略に追随する自衛隊は、もはや防衛型でなく、攻撃型の軍隊として位置付けられている現実にあります。あらためて戦争の危機を呼び込む自衛隊軍拡への徹底批判と、国民の安全と平和を担保する国民のための安全保障政策の打ち出しが求められています。

7　ＬＲＡＳＭ（Long Range Anti-Ship Missile）は、アメリカ海軍と国防高等研究計画局（ＤＡＲＰＡ）により開発されている対艦ミサイル・巡航ミサイル。ハープーンの後継として計画されており、生産はロッキード・マーティン社によって行われている。

（2）自立した外交防衛政策への提言

■非武装中立論への踏み込み

Ｑ　ここからは以上の読み解きを踏まえて、ならば私たちはどうするのかということについて触れてください。特に本書で述べられてきたこととの絡みでは自立した外交防衛政策に絞って触れ

て頂きたいのですが。

Ａ　今年の上半期は例年になく都内を含め全国各地の集会に御招き頂きました。そこで時代状況の私なりの読み解きと同時に、必ずそれでは私たちはどうすべきかを参加者のみなさんと議論してきました。その折に私は判で押したように問題提起として以下の内容を話してきました。

多少抽象的な文言なのですが、第一には「憲法平和主義で現状変革と平和創造の政策提言を―憲法の原点に立ち返る」ということです。「東アジアの安全保障環境は変わった」とする認識の虚構性を突くなかで、中国や朝鮮は本当に脅威なのか。多様な見解があって然るべきです。政府や保守政治が説く「脅威論」の信憑性は極めて疑わしい。攻守防禦戦略に特化した中国の軍拡、アメリカとの交渉を最優先するための軍事強国化を模索する朝鮮。それが外部には「脅威」と認定され、恣意的な脅威認定のなかで、それを口実とする日米同盟強化と自衛隊装備拡充や防衛費増額の口実とされています。その現実に向き合い、これをいかに批判していくか、ということです。

それで、あらためて「脅威」の実体を明かにしつつ、例えそれが「脅威」だとしても、直ちに軍事的対応を選択することは、軍拡の連鎖を呼び込むだけです。日本が打ち出すべき政策としては、自衛隊の防衛費増額や装備拡充ではなく、「自衛隊軍縮」に取り組むことで、アジア地域で拍車がかかる軍拡の連鎖を断ち切ることです。

軍縮への道は二国間あるいは多国間の交渉だけではなく、先ずは一国が主体的かつ自立的に軍縮政策を表明することです。それを世界の軍縮論では、「一方的非武装化構想」(unilateral disarmament)と呼びます。それは、１９５０年代のイギリスの核軍縮のためのキャンペーン(ＣＮＤ

＝Campaign for Nuclear Disarmament）において試みられた「一方的核非武装」の要求をモデルとしたものです。つまり、「一方的非武装化構想」を踏まえ、アジア諸国民との連帯と共同行動の実現の一方法として東アジア非武装地域化・アジア非核地帯化を提唱するのです。

Q　「一方的非武装化構想」とは、ずいぶん大胆な構想ですね。「非武装化」とは日本憲法の第9条が提示していることですから理解できるとしても、それを軍縮交渉の積み重ねではなく、「一方的」に断行するというのは、一般的には何となく不安な感じがしますけど。例え政治宣伝（プロパガンダ）とは言え、これだけ声高に脅威論が叫ばれているなかで、非武装中立論が多くの市民にはなかなか届きにくい状況もありますが。

A　確かに、これだけ軍事主義が跋扈する世界の現状からして、非武装かつ中立政策というのはリアリズムに欠けるという批判を当然招くでしょうね。核保有国も5大常任理事国以外にもインド、パキスタン、イスラエル、朝鮮と9カ国が核拡散状況下にあります。

軍事は他国からの恫喝や圧力、国内の統制強化など外圧と内圧の両面から軍拡を後押しする。国内民主主義と平和主義を実行し、同時に外圧を回避し、自らも恫喝や圧力をかける側にも回らないためには、抑止力や同盟に依存するスタンスを放棄することが求められています。そのことを日本国憲法第9条は、第二次世界大戦の教訓から先取りして日本の内外に提示しています。その原点に回帰することですから、決して目新しいことでも、特段に斬新な発想でも構想でもありません。忘却していた事柄を想起するだけのことです。

中南米のコスタリカは軍隊を保有しない事例として盛んに引用されていますが、世界で非武装を採用している国はすでに30カ国以上と言われています。日本のような人口及び経済規模を持った国家では無理だと言われますが、国家の大小ではなく、独立国としての主体性を発揮するのか、反対に他国の影響下で日本の防衛なり政治を運営していくかが問われているのです。

確かに防衛力強化が恰《あたか》もこの国の総意とでもいうかのような状況のなか、その防衛力強化の危うさを訴えていくことは容易ではありません。しかしだからこそ、国際政治の動向を確り把握・分析するなかで、いま本当に求められているのは軍事力によって脅威に備えるという「軍事には軍事を」との発想から転換することです。

Q　そのことに関連して、日本が非武装中立を断行したら、そこに真空地帯が生まれて、それをよいことに日本に侵攻しようとする国が出てくるのではないか、というのがありますね。すごく単純な話かも知れませんが、そうした不安を一掃できないと非武装中立論は受け入れられないと考える人たちが圧倒的に多いのではないでしょうか。いったい国民を何で守るのか、といったいつもの反論が待っていますから。

A　よく議論として出される内容ですね。先に答えていますが、中国であれ、ロシアであれ日本に侵攻するメリットは何かを冷静に考えれば理解できるはずです。ウクライナと日本とでは対ロシア関係が全く異なります。ウクライナの東部二州はほとんどロシア系住民の生活圏ですから。また、中国がロシアのように日本を攻めるという意図はどこにも見当たりません。余り良くない例えですが、九州地方が元来中国系住民の生活圏であって、中国への帰属を希望している九州人が7割から8割存在するとなれば話は少し変わってきますが、九州はそのような場所ではありません。

また、そもそも侵略とは、その意図とそれを担保する能力が揃わなければなりません。中国にその意図はゼロだと思います。能力が例え7あったとしても、ゼロ×7はゼロです。つまり、能力があっても意図がゼロならば侵略戦争は起きないのです。それをロシアはウクライナを侵略したではないか、中国はチベットを侵略したではないか、という反論は次元の全く違う話ですから、同じ土俵で議論する内容ではありません。

そして、それ以上に大事なことは日本が二度と加害国とならないことを誓った憲法を持っていることです。二度と加害国にも被害国にもならないと誓った憲法ほど心強いものはありません。平和を担保する最上の〝力〟と言ってもよいと思います。

日本国憲法は、日本が攻めることも、攻められることもない国家として発展していくことを明示していることを忘れてはなりません。軍拡を前提とする軍事力は抑止力にはなりませんが、平和憲法こそ最大の抑止力となります。あえて言えば〝憲法抑止論〟とでも言えるでしょうか。武器による抑止は相手を威嚇することになりますが、平和憲法は相手からの信頼を膨らますものですから。

Q　戦争のない世界というのは本当に在り得るのでしょうか。戦後に限っても世界では毎年のように、どこかで戦争や紛争が頻発している有様です。戦争のない世界の実現は、誰にとっても望ましいことに違いありませんが、その実現の困難さに圧倒されてしまいそうになるのですが。

Ａ　その答えは容易ではありませんが、戦争なき世界を構想する力を蓄えていかなくてはなりません。換言すればグローバル社会の非軍事化の問題です。そのためには、アメリカの覇権原理を物理的に支える核戦力を無化すること。それと並行してこれ以上の核拡散を防ぐだけでなく、既存の核保有国が核兵器の廃絶に向けた国際環境を整えていくことです。また、高度戦力を抑制していく。具体的には軍事基地の縮小及び撤去、グローバルに展開する米軍撤退、軍縮などの実行です。こうした課題は、すでに国家間や市民運動のなかで取り組まれていることです。

特に軍事力による覇権主義はアメリカだけでなく現在、ウクライナに侵攻中であるロシアにも該当します。確かに旧ソ連時代にはＡＢＭ条約（弾道弾迎撃ミサイルの制限に関する米ソ条約、１９７２～２００１年）の復活や新ＩＮＦ条約の締結を提唱するなど核超大国同士での核兵器削減への取り組みが行われた歴史もあります。

こうした個別の案件に関わり、非軍事化の対象領域と地域設定の拡充のなかで、グローバルな非軍事化政策を推進していく必要があります。戦争なき世界を構想し、実現するための地道な取り組みの積み重ねが重要だということです。この方法の先導者として日本の役割に期待があるはずです。日米同盟強化による安全保障の確立ではなく、グローバル社会の非軍事化への大胆な提案国として日本の役割は世界から期待されるところであり、それが同時に日本にとっても最大の安全保障政策ではないかと思います。

■核保有と核抑止をめぐって

Q　米ロ中のような核超大国の動きとは別に、日本など非核保有国が実行すべきことは何でしょうか。

A　何よりも自衛隊の段階的解消への方途を示し、定員が24万自衛官の消防庁などへの配置転換論を提起し、自衛隊部隊は「国土警備隊」など非外征型部隊への転換を図ることです。ソフト面でもハード面でもアメリカ軍との一体化が進む自衛隊がトマホーク巡航ミサイルなどで攻撃力を備えたきたことは、日本側からは「防衛力」とか「抑止力」の言葉で肯定されていますが、アジア近隣諸国からすれば、日本が露骨な軍事国家への道を辿っているのではないか。また、かつての侵略国家日本に回帰しているのではないかとの恐れを抱いていると思います。

そうした恐れを抱かせることが抑止力だと説明されていますが、これはとても危険な挑発行為に等しいわけです。日本が戦後営々と築いてきた平和国家という内実を自ら壊すことは、日本の安全保障を棄損することに繋がりますね。

Q　その点ですでに取りあげた「抑止力神話」から早く抜け出さないと、ナイフを片手にして「日本は平和国家だから安心してください」と言っても誰も信用してくれないということですね。

A　そこはある意味で中国とて同じですね。いくら日本を先んじて攻撃する意図はないとしても、多くの日本国民が中国の軍拡＝日本攻撃の可能性と結びつけて捉えてしまいます。そこから中国脅威論が生まれてしまいます。相互抑止論が相互軍拡を生み出すという話をしましたが、軍事力は結局のところ相互に信頼を失わせる危険な道具であることを自覚することから、信頼醸成が生まれてきます。だから、外交交渉や民間交流を活発にしていくことが急務でもあります。

少々諄《くど》いようですが、あらためて抑止力の幻想性・虚構性を明らかにしていくことで、核抑止力論をも含めて、留まるところを知らない抑止力幻想論を打破してく必要があります。軍拡の連鎖を呼び込むだけの抑止力論の呪縛から解放されることが重大な課題となりますね。

Q　日本の主体的自立的な選択とは、いったいどのようなものでしょうか。

A　日本の安全保障政策として「非武装・非核・非同盟」を基本原理とする安全保障政策を構想することだと思います。同時に日本の「非武装・非核・非同盟」政策の展開を阻むのはアメリカの覇権主義であることを理解していく必要があります。
日米同盟やアメリカの対中国包囲戦略は、要するにアメリカの世界覇権戦略の枠組みのなかで構想され、実現されようとしているものであるからです。今回の日本の「安保三文書」も、このアメリカの覇権戦略に呼応したもの。その限りでは日本の没主体的な外交防衛政策が一層目立っています。何よりも、枠組みから脱却することですね。

日本は自立的かつ主体的な安全保障政策を採用するために、何よりも外交防衛の自立化が強く望まれる。中国・朝鮮と徒《いたずら》に敵対的姿勢に陥ることなく、また、アメリカとも相互平等主義に則り、日米同盟の段階的解消をも射程に据えた日米友好条約への切り替えが展望されましょう。そのために先ずは非武装国家日本の立ち上げに向けた国内環境づくりと、アメリカ・中国などとの間に敵対的でも同盟的でもない、相互互恵主義に沿った関係構築が期待されます。

非武装平和主義は軍隊がないというだけでなくて、非武装・非暴力の原則は、ジェンダー関係も、都市と農村の関係も、資本と労働の関係も関連してくるものです。社会的なプロセス、思想的なプロセス、文化的なプロセスにおいて非武装を実現する。抑圧的な権力関係を減らし、なくす方向に変えていくプロセスに繋がります。非武装政策とは、国家の枠組みを超える政策となります。その主体たる民衆こそ変革主体であることの自覚と位置づけが不可欠であると思います。

■非武装・非同盟政策を展望する

Q　日本の安全保障の基本原則としての「非武装非同盟」を掲げ、政治的軍事的脅威に対する非軍事的な対応を徹底し、軍事力ではなく平和力の鍛え上げのなかで、「いのちの安全保障」論を採用していくという議論が「共同テーブル」などの運動で展開されているようですが。

A　日本政府が自衛隊の〝戦力〟をどのように自己規定しているのかと言えば、繰り返し持ち出されるように「必要最小限度の防衛力」という言い回しがありますね。私などは実際には自衛隊の〝戦力〟を、「不必要最大限度の攻撃力」と言って批判しています。

現在の高度兵器では、運用によっては識別可能ですが、防衛力と攻撃力を明確に区別できない部分があります。それはとりわけ認識の問題においては同質であることが多いわけです。私は防衛のためだと主張しても、それは攻撃力と解されることは実際に多々ありますし、その区別はあえてグレーゾーンにしておくのも政治的操作として用いられるものです。

そうした問題を含めて、参考となるのは、ドイツのエゴン・ゴール（Egon Karlheinz Bahr '1921-2015）が説いた「構造的不攻撃性」という概念です。つまり、軍事力を保持したとしても、その質や役割が攻撃には不適合な質を担保されたものを示します。具体的には航続距離や爆弾投下不能力、射程の短いミサイルなど領土・領海・領空の範囲内でしか軍事力として機能しないソフトやハードによって武装された、文字通りの防衛力のことです。

換言すれば「敵を持たない安全保障」政策とも言えます。「敵を持たない」とは、「安保三文書」で示されたように、事実上の仮想敵国を定めないことです。それを現実の防衛戦略で言えば、「専守防衛」戦略となります。現在の自衛隊の正面装備の質を問えば、明らかに「専守防衛」の範囲を大きく超えた質と量を保有しています。

それで、ここで言う「敵を持たない安全保障」概念の前提となっているのは、そもそも安全保障と言うと、安全を軍事力（防衛力）で担保するという軍事的安全保障論が中心となっています。そうではなく、安全保障の概念をより広く捉え返し、そこでは領土・領空・領海を守ることだけではなく、国民の命・暮らし・未来をも守ることを意味する概念として理解することを前提としています。そこから軍事的安全保障から、進めて人間的安全保障や民衆的安全保障、さらには「いのち」の安全保障など、多義にわたる概念が提起されています。

Q　そうしますと安全保障問題とは、国家の防衛だけでなく、国民の命・暮らし・未来をも含めた概念となりますね。

A　そうなりますね。そこから安全保障政策をより充実させるためには、防衛費を向こう5年間で43兆円も膨らませるのではなく、国民の生命や未来を守るための予算を計上することこそが日本の本当の意味での安全保障に繋がる、という視点なり問題意識を持つべきではないか、と思うのです。

4

改憲策動の本格化と護憲運動の新局面

——改憲・戦争阻止のために

（1）劣化するリベラリズムと護憲運動

■〝リベラル国際秩序〟の崩壊

Q　これまでやや細部的なレベルにこだわって話をして頂きました。そうした内容を踏まえて、ここでは国際社会の変動ぶりと、それを踏まえた私たちの護憲運動も新たな局面を迎えていると思います。こうした点について論じてもらえますか。

A　私は2022年4月に出版した『リベラリズムはどこに行ったか　米中対立から安保問題から歴史問題まで』（緑風出版）のなかで、日本を含め国際社会の全体を鳥瞰してリベラリズムの後退とファシズムの台頭が年々顕在化していることを繰り返し指摘しました。それは単に思想やイデオロギーの次元ではなく、数多の人々の精神性においてファシズムやミリタリズムの原理を据えた主張が政治や軍事だけでなく、経済の在り方まで規定していると考えています。

別の角度から言えば、それは戦争構造の日常化・社会化に加え、コロナ禍・気候変動などにより、本来の「人間文明」が近代文明によって破壊される現実に十分な解答を用意できないまま、非常に短絡的即効的な解決を提示するファシストたちの言い分に多くの人たちが共鳴する現実です。

国際社会とは言えば、多層化・多極化が一段と進行しています。インド出身の政治学者であるアミタフ・アチャリア（Amitav Acharya）は、昨年に翻訳版が出ましたが、『アメリカ世界秩序の終焉―マルチプレックス世界のはじまり』（ミネルヴァ書房、2022年）のなかで主張するように、アメリカ主導のリベラルな国際秩序が終焉を迎え、マルチプレックス（多重化、multiplex）の世界が始まろうとしている、と指摘しています。ロシアのウクライナ侵略が世界の多重化・多層化を象徴する戦争の一つとする見方もできますね。

Q　現在の国際社会はアメリカを筆頭とする陣営と中国・ロシア・朝鮮という大きく言って二つのブロックだけでなく、インドやインドネシアなどグローバルサウスと呼ばれるグループ、いずれの陣営にも包摂されない国家群など多様な形態と位置を持つ国家が台頭しつつあると。

A　そういうことになりますね。ロシアのウクライナ侵略や中国の政治軍事大国化に絡む米中対立などに「新冷戦」との呼称が与えられていますが、国際社会は二つ三つだけに分立しているのではなく、実にこれまでに経験したことのないような多重に分立した状態にあるということです。

つまり、米中対立があれば米ロ対立もあり、あるいは中ロが完全な蜜月状態だとは言い切れない状況もあります。NATO諸国内でも対ロシア姿勢をめぐり、潜在的な対立が存在しています。とりわけ、ウクライナ支援で足並みがそろっているわけではありません。この戦争が長期化すれば、軍事支援の在り様や、支援する兵器の質量をめぐって水面下では丁々発止のやり取りがあることは容易に想像できます。

エネルギーや気象変動、移民問題などを巡り諸国間対立と国内対立も同時に潜行している状態が続いています。近々ではイタリアで極右政党が政権を掌握するなど、各国の国内政治では右翼発条《ばね》が強さを増しているのが実情です。右翼発条《ばね》を利用した世界では軍事主義への偏在が目立っており、それが典型的に示されたのがロシアのウクライナ侵略戦争と言えるのではないでしょうか。力によって既存の国際秩序に変容を迫り、大国中心主義の覇権原理が世界のリベラリズムに後退を迫っているのです。

元来、アメリカが採ってきた世界戦略そのものが、いままたロシアに乗り移ってしまった。その意味で言えば、ロシアのウクライナ侵略は、ロシア固有の論理はさておき、多層化時代の世界を象徴した戦争と言えるでしょう。

それゆえ、私たちは多様な価値観や思想・制度を認め合う共同の思想や精神を逞しくしていくしかないのです。ただ、だからと言ってロシアの如く、他国の主権や領土を侵していいわけはありません。リベラリズムの前提は、相互尊重の原理による共同の世界を構築していくことにあるはずです。

■暴力を独占する近代国家

Q　そうすると現在の世界には中心国家が存在せず、これまでのように一、二の超大国が世界秩序を形成する主導力を発揮し得る状況になく、そこから混沌の国際社会が開始され、その過程で国家間の格差が縮小される一方、それとは真逆の国家間格差も拡大されると。つまり縮小と拡大が同時的に進行し、そこで新しい局面で主導権を握ろうとする国家が場合によっては戦争に訴えると、そういう理解でよいのでしょうか。

A　そのような理解で概ねよいのではないでしょうか。国際秩序の変動期には国家間の調整が上手くいかず、埋没を恐れて強硬手段に訴えるケースは、戦後の世界に限っても多々みられますが、マクロ的にみれば戦前の世界史にも散見される構図ですね。現在的に言えば、アメリカの相対的長期的低落が明らかとなり、その穴埋め的な機会を提供された実力諸国家が、そこに参入しているのが実態でしょう。

これを他面から言えば、国際民主主義が劣化して諸国家に内在する矛盾が深刻化し、その矛盾に乗じて国内主導権を握る勢力が勢いを増しています。ヨーロッパ諸国における右翼政権や右翼勢力の台頭や、グローバルサウスとカテゴライズされる諸国家における右傾化と軍事政権の台頭などの実情は、そのことを可視化する事態だと思います。

Q　少し細かいことなのですが、国家間で起きる対立・軋轢・紛争・戦争というレベルで、常に犠牲を強いられるのは国民・市民です。本来国家とは国民の生命・財産を守るために成立したはずです。近代国家論は、そこから始まっているはずですが。

A　歴史学と政治学の両面から長い間、国家とは何かについて考えてきた視点から言って、やはり国家論の重要性はますます高くなっていると思われます。近代国家の負の部分として暴力の独占体としての国家を根底から問い直すことなくして、私たちが通常の運動論のなかで取り組む護憲も平和主義も、また反戦の活動も未来を見通せないところに来ていると思います。

かつてはアメリカのベトナム戦争やイラク戦争、そしてソ連のアフガニスタン侵攻など、大国の侵略戦争を幾度もなく見てきた私たちは、それを資本主義対社会主義のイデオロギーの対立や、あるいは可視化された国家主権の場としての領土争いというレベルで戦争を追及してきました。しかし、そこで十分に議論されてこなかったのは、近代国家に内在する暴力性です。近代国家とは、戦争と表裏一体の関係によって成立するものであったということです。そのような国家を目指してホッブス[1]は近代国家を構想したわけではありません。

1　トマス・ホッブズ（Thomas Hobbes, 1588- 1679）は、清教徒革命（イングランド内戦）から王政復古期にかけてのイングランドの哲学者。人工的国家論の提唱と社会契約説により近代的な政治哲学理論を基礎づけた人物。

Q　ならば、近代国家が独占する戦争能力を削ぐこと、そのためには脱国民国家論の展開と、戦争の可能性を現実の闘争のなかで除去していくことが求められます。もちろん、簡単なことではないですが、新しい文明史的な時代転換のなかで、当然ながら反戦平和のスタンスも変容を迫られている、ということですか。

A　そこで必要なことは、脱近代・反近代という視点です。「近代文明」のなかで人間存在を危うくしていること、近代文明の最大の特徴としての帝国による戦争の頻発と犠牲の大量化が不可避となっている現実を正面に見据えることです。同時に、グローバリゼーションと戦争の普遍化の問題です。すなわち、近代国家たる国民国家の内実が劣化するに従い、その国家にしがみつこうとする権力者たちは、グローバリゼーションのスローガンによって、国民国家に内在する矛盾を世界化することによって延命を図る。例えば「グローバルノース」の社会は、「グローバルサウス」に矛盾を押し付けています。世界や日本に内在する貧困・抑圧・差別等の構造的暴力と、その集積としての戦争は、グローバル化された「南」に放射されていきます。

この場合の「南」とは地理的空間を指すのではありません。大国によって抑圧され、管理されてきた国家群のことです。簡単に言えば「グローバルノース」は「グローバルサウス」によって没落を回避しているのです。

近代の世界や近代の日本は、戦争と植民地という持続的暴力によって、資本主義の覇権維持と利権拡大を増殖させています。人的犠牲・環境破壊・貧困深化などの矛盾の大部分を「グローバルサウス」が背負う構造が現代の国際社会であり、その縮図として日本でも国内南北問題としての貧困、差別、抑圧など構造的暴力が蔓延しているのです。

Q　最近、耳にする忖度とか差配とか、非常に些細な言葉のように聞こえますが、それは要するに動員・管理・抑圧を原理とする支配者の論理としてあるような気がします。そうした原理や論理を打ち破るためにこそ、私たちは多様な思想や制度を認め合う共同の論理を対置概念や思想として育んでいかなくてはならない、と思うのですが。

A　いま私たちはどこにいるのでしょうか。間違いなく、私たちは戦争、異常気象、コロナ禍、貧困、差別など数多の圧力に晒されています。このうち戦争や紛争、異常気象は外圧であり、国内の貧困や差別、そしてファシズムは内圧と取り敢えず区分してみましょう。少々古典的な運動論から言えば、外圧があっても本当の変化は起き得ず、純粋な内発的展開というのは、内部の約束に制約されるから相対的変化しかもたらさない。

しかし、いまは人類文明に猛烈な外圧がかけられています。逆に考えれば、これら外圧と内圧を同時的に受け止め、変革に繋げるチャンスでもあるのです。いわゆる、古典的命題としての外圧と内圧の相互規定性という問題です。

反戦平和、民主主義、リベラリズムなど私たちが依って立つ思いを共に確認しながら、生態系や自然環境を破滅に追い込む元凶を洗い出すことが求められています。そして、過剰なまでの利益追求に奔走する現代資本主義の問題（コロナ禍でのオリンピック強行開催もその一事例）をも俎上にあげながら、私たちが望む社会とは、いったいどのような社会なのかをもう一度原点に立ち返って考え直す時期に来ていると思います。

■現代戦争の深淵と私たちの課題とは

Q　ロシアのウクライナ侵攻によって、より一層強く意識せざるを得なくなった現代戦争の深淵をどこに求めたらよいのか。これは現在非常にたくさんの議論が出ているところですが。

A　ロシアのウクライナ侵略戦争をも含めて、アフガニスタンやイラク等における内戦もアメリカ、イギリス、フランスなど帝国主義国家群の植民地化過程における民族分断統治の結果、現在に続く内乱紛争の根源的理由となっています。帝国主義戦争と覇権の残滓としての問題もあります。つまり、未精算の帝国主義史総体の問題として現代の国際秩序の混乱と動揺が、戦争と恐怖の深淵となっていると思います。旧帝国諸国家群は、もはや覇権原理の徹底によってしか、新帝国を維持できなくなっていると指摘できます。２０２３年10月7日からイスラエルとパレスチナとの〝戦争〟が再燃しました。この問題にも通底する事件ですね。

そうした点を踏まえて言うならば、アメリカの覇権原理に追従する日本国家の問題性を告発していく反戦・反帝・反ファシズムの運動とは、覇権原理に対抗し、これに従属（隷属）していく資本主義総体への批判を展開することになるのです。覇権原理が貫徹されるためには、権力による民衆の分断統治と、民衆内の差別・抑圧・貧困など構造的暴力の常態化が不可欠となります。

例えば、部落差別が体制への不満上昇を回避し、それが下降するシステムとして案出された制度（抑圧の移譲原理）であるように、覇権原理は国家間の支配と被支配関係（従属関係）を生み出し、それを「同盟」という言葉に置き換えているだけです。日米同盟関係は、その象徴的表現と言えるのではないでしょうか。そこから外的隷属関係と内的隷属関係の相互作用のなかで、既存権力が保守されている実態を踏まえて、覇権原理の危険性を暴露していくことが極めて重要な課題となるでしょう。

Q　現状認識のなかで護憲運動をいかに再活性化したらよいのか、さらには野党共闘あるいは護憲共闘をいかに構築していったらよいのかについて、少し触れてください。

A　以上の覇権原理に絡めて言えば、私たちの国内的には護憲運動、国際的には例えばアジア共同体構築構想やアジア諸国民との和解と連帯のための運動とは、アジア民衆を外圧として分担統治し、内圧として差別・抑圧・貧困など構造的暴力を常態化することで、覇権原理の貫徹を意図する覇権国家への対抗運動としてあると思います。

そうした運動を展開していくためには、被抑圧・被搾取階級としての「人民・民衆」(people)がグローバル・グローカルに拡大再生産し、連帯・共同を拡張している現実と将来性を踏まえ、例えばネグリ、ハートの「マルチチュード」(Multitude)にも通底[2]する主体の再定義と確認の作業が急がれるべきでしょう。大国の覇権主義を清算し、覇権国家の国際秩序からの後退を迫る運動なくして、国際社会から戦争の危機は消滅することはないのですから。

その場合、私たちは恣意的な解釈による疑似的リベラリズムを見破り、本来的なリベラリズムを覇権原理解体の共通認識として確認しあうことです。同時にアメリカンデモクラシーを世界の中心軸に据えようとする超覇権国家アメリカ主導の〝リベラル国際秩序〟からの脱却と、マルチプレックスの構造化のなかで、戦争無き国際秩序をどう形成していくべきか考え抜くことです。

同時にここでは徐京植が糾弾する現代日本のリベラリズムの劣化、あるいはリベラリズム思想と運動の停滞と後退の問題も検討していく必要に迫られています。それに関連すれば、徐京植とゴールドバークの論説が参考となります[3]。

また海外での論議のなかでさまざまに注目されているゴールドバークのリベラルファシズム論が日本でも今後一層議論されるべきでしょう。換言すれば、核大国が引き起こす既存の国際秩序の解体と再編の強行に、先ずは一致して異議を唱えていくべきでしょう。日本における護憲運動とは、そうした使命を有しているのではないか、と考えます。その点で護憲運動は決して一国的な運動ではなく、世界的な展望のなかで再定義しなければならない、ということです。それは平和憲法が人類の普遍的目標とすべき戦争なき社会（＝平和社会）を構想したものであるからです。

2　アントニオ・ネグリ、マイケル・ハート『〈帝国〉―グローバル化の世界秩序とマルチチュードの可能性―』（以文社、２００３年）、同『マルチチュード（上・下）』（ＮＨＫ出版、２００５年）等を参照されたい。Multitudeは、国家の呪縛から解放された主体として。〝多数〟や〝民衆〟の意味で使われている。そこでは異質性と多様性を問わない。

3　徐京植『日本リベラル派の頽落』（高文研、２０１７年刊）で提起された日本リベラリスト批判を念頭に据えつつ、さらにかつて大いなる議論を呼んだゴールバーグの〝リベラルファシズム〟論を意識しており、拙著『リベラリズムはどこへ行ったか』は、リベラルファシズム論を正面から論じたものではないが、執筆の大きな動機となったことは確かである。因みに、ゴールドバーク（Jonah Goldberg）は極めて保守的な知識人として著名だが、その論議を正面から受け止め批判の論を張っていくかが問われてもいる。彼の〝Liberal Fascism: The Secret History of the American Left, From Mussolini to the Politics of Meaning〟(Crown Forum,2008）が注目された著作の１冊であり、縷縷が現在最も関心を抱いている議論の一つである。

■戦後日本を通底する三原理

Q　戦後日本政治は、覇権原理、安保原理、帝国継承原理の三原理によって支配されてきたとする見解があります。武藤一洋さんの見解ですが、安保原理とは、言うまでもなく日米安保条約を基底に据えたもの。覇権原理とは、その安保原理によって日本が対米従属を貫徹していくなかで派生した準アメリカ的な発想のなかで再生産されたもの。アメリカの世界覇権戦略に便乗することで、日本もアジアにおける覇権原理を実現していこうとする欲求に突き動かされた結果、中国の大国化への対抗心が醸成されています。そこで戦後日本政治を動かす三つの原理について触れてください。

A　これら安保原理と覇権原理はアメリカを出所としていることから、いわば「外圧」として日本政治に決定的な作用を及ぼしてきました。1955年の保守合同もアメリカという外圧によって成立したものであることはよく知られています。換言すれば以上二つの原理を基軸にすえたアメリカに従属する堅固な保守体制の構築が要請された結果であったことは、現在では誰もが認めるところでしょう。

とりわけ、覇権原理は、日米安保が戦後日本国家の外付けとして位置し、事実上の日本国家の主権を凌駕して機能しています。地上だけでなく空域までが米軍によって接収・占領され、辺野古埋め立てによる米軍の意向を受けた日本政府の強硬姿勢の背景にも、そのことが示されています。加えて安倍殺害事件を契機に、あらためて浮上した反共思想が保守権力内部を侵食している実態が明らかにされています。

敗戦から再来年で80年となります。この間、保守権力は反共思想を拠り所として権力を肥大化させてきました。それが敗戦によって元首天皇制を骨抜きにされ、象徴天皇制と化した現在の天皇制が、これ以上骨抜きにされず、時を見て元首天皇制へと回帰するためにこそ、反共思想は必要不可欠だったのです。

それゆえ旧統一教会に繋がる勝共連合との関係強化は保守権力の維持と天皇制の復活のためにはなくてはならぬ存在であり、運動組織体であったわけです。公的な権力を握った保守の集団は公的に反共思想や運動は不可能であり、そこに代替組織が求められていたのです。岸信介とアメリカによる勝共連合組織の立ち上げは、まさしく日米反共同盟の維持拡大には絶対条件であったのです。

そこに覇権原理や安保原理を落とし込んでみるならば、その原理の意味がクリアとなりましょう。アメリカの朝鮮戦争やベトナム戦争を始め、現在に続く覇権原理に突き動かされた戦争発動の根底に反共思想が脈打っていたのです。アメリカ主導の国際秩序に異議を唱えるイラクやイランに対する戦争発動（イラク戦争）や経済制裁は、現在ターゲットがロシアに絞られています。ロシアは自らの覇権原理でウクライナを犠牲にしつつ、侵略戦争を強行することで、アメリカ主導の秩序に抵抗しているとも捉えることができます。

(2) 止まらない日本の右傾化とその帰結

■タカ派優位の体制で占められていった戦後の保守権力

Q　安倍政権から菅政権、岸田政権に至るまで、これまで政府は国家による管理統制を非常に強めてきました。戦争法に始まり、秘密保護法、盗聴法、共謀罪、マイナンバーという名の国民総背番号制、そして重要土地利用規制法や経済安保など、よくもここまでやれると思うくらい管理社会化を進めてきました。日本政治の流れをどのように見たらよいのでしょうか。

A　私自身の研究の出発点は、戦前期日本の国家総動員体制研究であり、30歳の時に『総力戦体制研究―日本陸軍の国家総動員構想』（三一書房、1981年）を発表したところから始まりました。そこでは明治国家が整備してきた国家総動員体制を読み解く作業を進めました。国家総動員体制を明治国家が必要としたのには、一つには平時から戦争体制を敷くことでした。軍隊という物理的基盤の拡充だけでなく、さまざまな法整備を整えることで、国家権力を最大化しようとしたのです。

防諜の用語により、国民動員・管理・統制の目的で施行された軍機保護法から国防保安法までの実態を分析した『防諜政策の民衆―国家秘密法制史の検証』(昭和出版、1991年)を出しました。なぜそこまで明治国家が強権発動の体制を敷いたかといえば、明治国家自体が国民を主体として構成された国家ではなく、権力者たちが常に国民(戦前は臣民)を強制・監視することによってしか保守できない国家だったからです。その政策は、実に巧妙かつ執拗に展開されました。そうした蓄積の上で弾圧体制が敷かれ、戦争発動が可能となったのです。

そうした戦前の政治構造は、戦争の敗北によって完全に解体されたわけではなく、戦後も国民監視体制が徐々に整備されていきました。私のように戦前の弾圧法規や監視法制を研究してきた者にとっては、同質のことがなぜ戦後社会でも繰り返されるのかに注目せざるを得なかったのです。それで、戦後の監視国家ぶりを読み解くため、『監視社会の未来―共謀罪・国民保護法と戦時動員体制』(小学館、2007年)を出版しました。

「国民保護法」(2002年)のどこが〝国民監視〟を目的とした法律であるか、についての言及をはじめ、限りなく戦前に接近する日本国家の変容ぶりに警鐘を鳴らすことを試みました。こうした研究は、最近では『戦争と弾圧―三・一五事件と特高課長纐纈彌三の軌跡』(新日本出版社、2020年)や、『憲兵政治―監視と恫喝の時代』(同、2008年)でも論じました。

マクロ的な視点から言えば、安倍元首相が再三にわたって「戦後レジュームからの脱却」と言っていたように、今の保守権力のコアな部分にとっては戦後の政治体制は間違った路線だったという認識があるのです。1955年の戦後の保守合同以降、彼らの一貫した目標は改憲であり、アメリカ仕込みの戦後の日本政治ではなく、自立した日本独自の政治体制を敷きたいという根本的な考えがあるのです。ただ、それは日本が独自に進めるわけにはいかないので、アメリカとの関係の中で戦後保守体制を構築していったのです。

戦争直後の吉田茂政権下では、アメリカは軽軍備構想をある程度了解していました。また、当時は天皇制の問題が大きな課題としてありました。アジア諸国にとってみれば、天皇は本来切るべき対象であったのに、アメリカの世界戦略の中において戦後の日本統治を考え、天皇制を残置する形になりました。天皇制残置案は、当然ながらイギリス・オランダ・中国などから天皇制は日本軍国主義の温床だとする猛烈な批判を受けることになりました。

Q　アメリカは戦後における日本占領統治を円滑に進めるために、天皇制残置と引き換えに、憲法9条を書き込んだ日本国憲法が制定されたのですね。

A　アメリカとしては、日本軍国主義の物理的基盤であった軍隊を保持させないことで、批判を回避しようとしたのです。そういう意味では、別の意味で「押し付け憲法」であることは間違いないのです。そして、アメリカ仕込みの持ち込み憲法であったのです。

これに対して、特にタカ派の日本の保守権力に一貫していたことは、アメリカに徹底して従属することにより生き残ろうとしたことです。本来タカ派の保守権力者たちは戦前に権力を握っていた勢力です。それは反米ではあってはならず、ギリギリのところでアメリカと共同していく形を採りました。

わかり易く言えば、戦前に「鬼畜米英」を標榜していたような人たちです。一時公職追放にもなりましたが、彼らは昭和天皇の聖断によって戦後にも権力を保持し得た人たちです。その一方で、宏池会のようにアメリカやヨーロッパと同じような路線を歩みたいというハト派路線もあったので、いわゆるタカ派とハト派との鬩《せめ》ぎ合いが続いていたのです。ハト派の代表格が戦前においては軍部と一線を画していた吉田茂でした。

ところが、近年はタカ派とハト派との鬩ぎ合いの関係が徐々になくなってきて、自立型、自主防衛型の国柄に染め上げていこうというタカ派の勢力が強くなってきました。端的に言えば、吉田茂から池田勇人、そして岸田文雄に繋がるハト派が、岸信介から中曽根康弘を挟んで安倍晋三に繋がるタカ派との間にあった従来のギャップがなくなり、自民党主流が現在では安倍派や麻生派など、タカ派によって握られてしまう事態となったのです。2007年に第一次安倍政権ができたときは、朝鮮のミサイルや中国の軍拡を外圧としてうまく利用し、タカ派が優位を占めていきました。そして、そういうタカ派的な政治体制に相応しい人物として、岸信介を外祖父に持つ安倍晋三氏が選ばれていったのです。

Q　そのような強面《こわもて》の国家を目指す理由は、いったいどこにあるのでしょうか。

A　それは、中国との政治的・軍事的・経済的な対決路線ゆえのことであり、また深化する日米同盟はアメリカの対中包囲戦略を背景としています。アメリカは、中国との対決上、日本をより強固な軍事国家にすることを求めています。かつての「反共国家日本」から「反中国家日本」へと仕立て上げていくアメリカの明白な意図が存在しています。そのことは、最近のアメリカの軍事戦略の内容を追うと一目瞭然です。

安倍さんは志半ばで倒れましたが、宏池会であるはずの岸田さんも、安倍政治が目指した「戦後改革」という宿題を実行しています。それをすることによってしか岸田政権はもたないということを、彼なりに理解しているのだと思います。私は、「岸田さんは正面から見たら岸田文雄だけれど、裏に回ったら〝岸田晋三〟に見えてくる」と言っています。つまり、背中に安倍さんを背負っているのです。もう少し捩《もじ》って言えば「死せる安倍、岸田を走らす」ということです。最近、それが非常に目立ってきました。なので岸田首相は、先述の通り、安倍元首相をライバルだったと発言して、安倍色から脱しようしているのです。

岸田さんはハト派の格好をしたタカ派です。タカにならざるを得ないし、タカでしか政権を維持できないのです。岸田政権は、安倍政権と何ら変わりはありません。安倍さんは、死してもなお岸田首相に「戦後レジュームからの脱却」を強いているのです。どこかで聞いた文言で言えば、岸田さんは安倍さんの〝アンダーコントロール〟下にあるのです。安倍さんが福島原発事故を指して述べたその言葉は完全なフェイクでしたが、これは間違いのない真実です。

それが奇しくも旧統一教会の問題で露呈しました。統一教会のフロント組織である勝共連合は、戦後の自民党を強く支えてきました。80年代のスパイ防止法も勝共連合が下支えをしていたことが分かっています。また宗教法人としては旧統一教会だけではなく、数多くの右派宗教が自民党の集票マシーンになり、資金提供もしてきました。そういう意味では、日本は右翼国家からさらに超右翼国家になっているのです。

Q　右翼国家とか右翼社会と言えば、決して日本固有の現象ではなく、イタリアやフランスなどでも露見されますよね。今年5月の広島サミットで来日したイタリアのジョルジャ・メローニ首相も右翼政党の出身でしたね。

A　もともとイタリアは右翼的な国家ですが、メローニ首相はイタリアの右翼政党「イタリアの同胞」の党首を務めていて、2022年10月に首相に就任したジャーナリスト出身の政治家ですね[4]。フランスも、先般の国民議会選挙でルペン女史の国民連合が89議席を獲得して第3党に躍進しました。ルペンの後継者が動き出しているとされていますから、出馬の可能性は高くありませんが、出馬するとなると次の大統領選挙では彼女が大統領に選ばれるかも知れません。ドイツは社民党政権下ではありますが、右翼政党の「ドイツのための選択肢」が非常に強い力を持ってきました。

いま世界の中では権威主義的な国家がドンと控えていて、日本も平和や民主主義やリベラリズムが押さえ込まれている状況です。そういう時代状況の中にあって、それを私たちがどういうふうに見て、それとどう闘っていくのかが非常に大きな課題です。私がファシズムや国家総動員の問題を研究してきたから言うわけではありませんが、今は新国家総動員体制というべきものが顕在化していると思います。

1980年代前後に活躍され、著名なジャーナリストであった山川暁夫さんは「新しい戦前」という言い方をしていました。私も軍事問題研究会の時代に山川さんからたくさんの教えを請うた一人です。私は、通称「山川学校」の〝卒業生〟の一人でもあります。世論やメディアではタレントのタモリさんが言い出しっぺのような扱いをされていますが事情は違います。

それはともかく、戦前のような政治体制がそのまま転写されるわけではありませんが、今の自民党や維新の国会議員の話や書いたものを見ていると、戦前の時代を生きているのではないかと錯覚するくらいです。政治家のレベルが非常に低くなりましたし、大手メディアも含めて非常に怪しいものがあると思います。そういう意味では、どこまで市民メディアがきちんとした議論を起こして、我々の思いを伝えていけるのかが、極めて重要になっていると思います。

4　ジョルジャ・メローニ（Giorgia Meloni　1977－）は、「極右のフェミニスト」とも呼ばれるが、現在の多くの評価はムッソリーニやベルルスコーニを尊敬するとされるファシストとされている。

■平和外交と防衛問題はワンセットで

Q　現下の円安と物価高、低賃金労働、破綻に近いような赤字国債依存の国家財政の中で、政府は防衛費をNATO並みにGDP比2％にするという議論をしています。常識的に考えれば、それでは財政的に立ち行かなくなるはずなのに、現実政治からかけ離れていることを政治家が言い、また国民も意外と受け入れている部分があるのです。この辺りはかなり気がかりです。

A　ロシアのウクライナ侵略によって、今まで平和主義を貫いていたドイツのショルツ首相が、実に13兆円の防衛予算を組むという話になりました。またヨーロッパ諸国も軒並み防衛費GDP比2％にするといっています。アメリカに関しては、国防予算がすでにおよそ120兆円というレベルですから、日本もそれに見習うべきだという人もいます。

しかし、それはおかしな議論であって、日本には日本独自の安全保障論があっていいのです。日本は今1200兆円という莫大な借金を背負っています。産まれたばかりの赤ちゃんも含めて、単純計算すれば1人当たり1000万余の借金です。日本にはいろんな資産があると言いますが、資産がすべて換金できるわけではありません。10兆円、11兆円という防衛予算を組んだ時に、どこからそれを捻出するのかといえば、お金を刷ればいいという乱暴な話をしています。

そうすると、国債がまた1200兆円の借金からプラスアルファになっていくのです。社会保障費を削るとか、教育関係予算を削るのは国民の反発を受けるからできないとなれば、国債しかないわけです。だけど、日本の経済の信用度がこれだけ落ちているのですから、国債を発行してもそれを買ってくれる人がいるのか、という問題があるのです。

もう一つ問題なのは財政民主主義です。防衛費にこれだけの予算を投入することに対する国民の理解がどこまであるのでしょうか。中国が怖いとか朝鮮のミサイル云々という話はあるのですが、それはまた別の話です。中国が本当に日本を攻撃する可能性はあるのでしょうか。もしあり得るとすれば、台湾海峡紛争が起きてアメリカが中国に何らかのアタックをした時です。そうなれば、中国は日本列島に布陣している在日米軍及び自衛隊の軍事力を叩くのだと思います。逆に言えば、米中戦争が起きなければ、中国が日本にアタックする可能性はゼロに等しいのです。

Q　本来は米中戦争が起きないようにするにはどうすればいいかを考えることが優先されるべきに思います。けれど、そこを放っておいて、とにかく武装して敵基地攻撃も相手方の政権中枢も破壊するというのはいかがなものでしょうか。

A　今の自民党の国防族の連中は、完全に頭が戦争モードになっています。先日、NHKの「日曜討論」を視聴していたら、自民党議員は「平和外交の問題と防衛問題は別だ。今日は防衛費の増額の問題について話をしている」と発言していました。日本共産党の山添拓参議院議員は「いや、それは別の問題ではない。平和外交の問題と防衛の問題はワンセットとして考えなければいけない」と正面から批判していましたが、私もその通りだと思います。

朝鮮だって日本を目標にしてミサイルを発射しているわけではありません。先日のJアラートなんか、本当におかしかったと思います。大気圏の内外を飛んでいるミサイルを撃ち落とせるはずはないし、そもそも大気圏を「領空」と定義する明確な国際法はありません。この辺は実は曖昧模糊とした空域です。それを慌てふためいてJアラートを鳴らすというのは非常に滑稽な話です。土管やシェルターに身を隠して安全は確保可能かどうかという原始的な話題以前の問題です。

だから発射直後に追尾して破壊するしかないことになります。そして究極的には発射基地に反撃力を事前に行使しようとする議論が出てくるのです。それは、戦争を日本が主体的に引き起こすことを意味しています。反撃能力の行使とは、先制攻撃の行使であるわけですから。

朝鮮がミサイルを撃つのは、アメリカを射程圏内に収める弾道ミサイルを確保し、アメリカを交渉のテーブルに着かせたいという政治的な思惑です。ミサイルを撃たせず、また核武装を放棄させるためには、朝鮮と国交を結んで外交チャンネルを逞しくすることしかありません。それによって、朝鮮がすでに解決済みとしている拉致問題の解決の兆しも見えてくると思います。

Q それなのに、さきほど紹介されたように、自民党は外交と防衛は別の問題だと言っていますね。外交優先ではなく、軍事優先の発想と政策が先行しているわけです。これが本当の安全保障政策でしょうか。安全保障政策とは、軍事ではなく外交によって獲得されるものであることを、私たちは過去の歴史から学んできたはずですが。

A それでも軍事優先の発想を放棄しないのは、そこに一定の利益構造が存在するからです。それをセングハースという学者は「軍拡の利益構造」と呼びました。

ちょうどアメリカやイギリス、ドイツなどがウクライナへの軍事支援を施すことで軍需産業界が〝ウクライナ特需〟で莫大な利益を上げているのです。軍事優先を主張する国家や政治家たちは、本当に国民の生命・財産・人権を護るという意味での安全保障論を理解しようとしないのです。余談ですが、ウクライナに送られた軍事支援のうち、携帯可能の小型兵器がずいぶんと横流しされていると言われています。それで利益を得ている輩がおり、さらには他国のテロ組織に流れている可能性に警鐘を鳴らす人がいます。軍事支援が停戦の機会を失わせ、ウクライナ兵士と国民に数多の犠牲を強いています。

日本の問題に戻れば、防衛費を年額10兆円以上に増額したら、本当に日本の財政は破綻してしまいます。私は〝軍事大国化は貧困大国化への道〟だと言っています。今の日本の財政状況から見ると、あるいは日本の経済レベルから見ると、軍事費増額はさらに貧困度を増やすに違いありません。軍備をたくましくするよりも、生活防衛のために予算を振り向けるべきです。

繰り返しますが、中国や朝鮮と胸襟を開いて話し合う場を設けることが最大の安全保障になるのです。リベラリストだと言われる人たちの中にも、誤った脅威論を振り撒く人たちが結構いるのです。立憲民主党の人たちも、日米同盟堅持と言っていますね。日本共産党や社民党はそういう立場ではないので、三つの政党が野党共闘できるのかは、これまた大きな課題だと思います。

■右傾化に歯止めをかけるためには

Q　岸田政権は、なんだかんだ言ってもしぶといと思いますし、世界的な流れを見ても極右の力は無視にできないと思います。宗教右派も旧統一教会だけではなく、日本会議・神社本庁などは根強い力を持っています。そういう勢力と対峙していくには、市民の側と野党が一つの大きなブロックを形成していかなければ勝てません。

A　私は、フランスのメランションのような左翼連合政権構想をつくるべきだと思います。野党共闘というのは、野党の中で本当に共闘することの意味、意義、目的が一致できるかが重要ですが、立憲民主党がどこまで本気かという本気度が非常に怪しいのです。連合との関係があるのもわかりますが、連合は芳野さんが会長になってから右ぶれが非常に顕著になってしまいました。立憲の中でも、野党共闘をするべきだと言っている人と、そうではないという人が分かれてしまっているので、野党共闘は望ましいのですが非常に難しくなってきていると思います。

それで私は、護憲の一本で共闘を再検討すべきだと思います。例えば〝護憲共闘〟という名称で、フランスの左翼連合を一つのモデルとしつつ、クリアな左翼連合体を組織すべきと思っています。

私は、2016年に参議院の山口選挙区から野党共闘候補として出馬の機会を与えられました。その際に痛感したことは、何よりも市民・労働者との徹底した対話と、マスコミを媒介とする有権者との交流の大切さです。その時には山口県内の小さな農漁村まで何度も出かけていって、地元の人たちと接し、理解し合う努力を積み重ねてきました。

私にとっては実に豊かで、猛烈に勉強させて頂いた貴重な時間でした。敗れはしましたが、およそ100日間の〝選挙闘争〟のなかで、18万3000票余り（得票率約30%）を得票できたのは野党共闘の大きな成果でした。また、当時安倍首相のお膝元で声を挙げることに意味があったのではと思います。私が出た時は、全国32の1人区全てで野党共闘が成立しました。声を挙げ、文字通り市民と一緒になって、野党共闘から連立政権を求めていくことが今も必要だと思っています。

Q　野党共闘が上手くいっていた時期も多々あったにもかかわらず、今日ではそれが充分な成果を示していないように思います。なぜ、野党共闘がうまく進まなかったのでしょうか。

A　もうずいぶんと時間が流れましたが、2016年の参院選では、新安保法制で「戦争のできる国」

になってしまったことへの危機感から、せめて1人区では野党共闘で行こうということになりました。そのために日本共産党は多くの候補を降ろしたのです。その時は多くの人が危機感を共有できたのですが、それから3年後の2019年、そして2022年の今年、野党共闘がどんどん崩れていきました。

あの時に共有できたはずの危機感は失われていったのです。事態は我々にとってもっと悪くなっているのに、なぜ危機感が薄くなっていったかといえば、巻き返しがあったからです。野党の中にも足を引っ張る議員が次々に出てきました。それは外圧も大きいのですが、所詮それは外圧であって、大事なことはこの国をどうするのか、この社会をどうするのかに注力することです。このまま右に寄っていっていいのか、真剣に考えなければいけない時に、考えなかった人もいたのです。

立憲民主党は「立憲」と名乗っているのに、言っていることは日米安保堅持でアメリカの覇権主義に乗っかっているように見えます。アメリカの国益があたかも日本の国益だと錯覚しているようで、アメリカの下にいればロシアからも中国からも侵略を受けないという発想になっています。今はリベラリズムが危機に瀕しているように思えます。リベラリストの中にも内なるファシズムが頭をもたげているような状況です。リベラリズムが何を求めているのかと言えば、国際平和や国際的なレベルでの普遍的な人権です。それをきちんと訴えれば、人権の最大の破壊行為である戦争はなくなるはずだと思います。

野党は、岸田政権という個別の政権と対抗するだけでなく、戦後総体を射程にすえた平和戦略を紡ぎ出す必要があるのです。私たちの戦後総決算的な意味で、この80年近い「戦後日本」を大総括しなければなりません。戦争国家→平和国家→戦争国家、高度行政国家（＝ファシズム軍事国家）→デモクラシー国家→新ファシズム国家といった逆走現象がなぜ起きているかを再考するなかで、今一度新たな市民社会や市民国家を創出していく思想や運動の鍛え直しが不可欠です。

先程も触れましたが、イタリアで右翼政権ができるなど、世界ではファシズムや権威主義、覇権原理を振り回す国家の増大が顕著ですから、こうした動きも睨《にら》みながら強力なデモクラシーやリベラリズムを創り上げる必要があるのです。そうした観点から野党共闘の必要性を認識することが重要だと思います。野党共闘は改憲阻止だけでなく、本当のデモクラシー（民主主義）、リベラリズム（自由主義）、パシフィズム（平和主義）を蘇生させ、この社会に定着させていくためにこそ必要な共闘です。それを分かりやすく護憲運動と言っているのだと。ですから、私は繰り返し〝護憲共闘〟の名称を使うべきだと思います。

■求められる新機軸の打ち出し

Q　野党は、外交、安全保障、防衛政策において、新しい機軸を打ち出さなければなりませんね。それができないところに、野党の弱さがあるような気がします。

A　その通りだと思います。戦争というのは暴力ですが、暴力には小さな暴力から大きな暴力まであるのです。小さな暴力は、セクシャルハラスメントであるとか、差別とか、子どもに対する虐待や育児放棄、学校でのいじめなどの形で至る所にあります。それは戦争に比べれば小さな暴力かもしれませんが、人権や人格を傷付け、自死に追いやるようなこともあるわけですから、大きい小さいという表現は相応しくないのかもしれません。

そういう暴力の集大成として、大きな暴力としての戦争が起きるとするならば、命の安全保障を掲げて人権に向き合うことが必要です。人の命や健康に直結する課題をどう打ち出していくのかというところに注力したらいいと思います。それで私たち「共同テーブル」では、既存の軍事的安全保障論に代わる「いのちの安全保障論」を訴えているところです。

いきなり国をどうやって守るという国家防衛論ではなく、人間をどうやって守るかという人間防衛論が大切です。具体的には、戦争の道具を増やすよりも例えば病院や保健所やお医者さんやカウンセラーの数を増やすことが大切です。その一方で、外交努力をきちんと重ねていき、平和外交の展開と人権の深化によって安全保障につなげることです。安全保障イコール国防ではなく「いのちの安全保障」や人間の安全保障や生活の安全保障というものもあるのです。広い意味で国防も安全保障の一つかもしれませんが、それはワンオブゼムに過ぎないのです。

ところが、今は軍備強化に特化した国防論が全体を横溢《おういつ》している感があります。安全保障を広い意味で捉え、国防は、文字通り最低限度の防衛力に止めればいいのです。領土、領空、領海だけを守る、足の短い、攻撃することができない戦力で、専守防衛に徹すればいいのです。今は直ちに自衛隊をなくせと言っているわけではありません。自衛隊軍縮は必要であり、将来は非武装国家が理想ですが。

現在政府が検討しているような自衛隊の大増強は、極めて危険な選択です。日米安保条約を段階的に日米友好条約に切り替えていき、朝鮮とも国交を取り結ぶべきです。そういう平和目標と防衛戦略を打ち立てるべきだと思います。それは可能だと思いますし、可能にしなければ戦争の時代がやってきてしまうのです。

5

日本の安全保障のこれから

（1）跋扈する軍事優先主義

■「防衛外交」論浮上の可能性

Q　ここでは「非武装中立・非同盟」をいかに捉え返すのかの論点から始めたいのですが、この問題を論じるうえで、最近よく耳にするようになった「防衛外交」という用語に絡めてお聞きします[1]。

A　この用語は『防衛白書』にも、先の「安保三文書」にも登場しないのですが、いわば防衛省に近い研究者の一部が使用しているに過ぎない用語です。日本の安全保障政策策定の中枢に位置する防衛官僚ではなく、中堅若手の安全保障研究者たちの研究テーマです。ただ、それは『防衛白書』で頻繁に登場する「防衛交流」(defense exchange) に近い内容を含意しており、私も注目している用語の一つです。これに近い馴染みのある用語に「防衛協力」(defense co-operation) があります。

なぜ「防衛外交」の用語をここで問題にするかと言えば、この言葉を起点として、近い将来において「防衛関与」(defense engagement) とか「軍事外交」(military diplomacy) と言った用語が活発に使用される可能性があるからです。

これらの用語は国家機関のなかに軍隊が重要な役割を担い、単なる軍事専門集団に限定されず、政治領域にも深く関わることを前提とします。そこでは、政治と軍事との間には最小限度の緊張関係が存在しますが、最終的には両者の関係が最適化されるなかで、一体化した組織として共存していく過程で派生します。

もちろん、特にアメリカ、中国、ロシアなど軍事超大国の軍事組織の位置は、それぞれ固有の組織原理を持って構成されます。共通することは、非常に強力な大統領権限や、中国で言えば中国共産党の統制に服すことによって、その組織が担保されていることです。「党軍」の言われる所以です。換言すれば、政治に従属している点は共通しています。同時に政治組織の物理的基盤として、非常に重要な権能を有しているのです。

このように政治・外交と軍事との役割が明確であることは間違いないとしても、それゆえに軍事力が外交を含めた政治力を支えている側面も否定できません。そこから登場するのが「軍事外交」に代表される用語です。

実際にアメリカやイギリスの軍隊が戦闘に従事する集団組織であることは間違いないにしても、平時においては軍事や軍隊の在り様を踏まえ、積極的に軍事組織を活用していることです。そこで最も活用度が高いのが外交力の補完としての軍事力という考え方です。

日本で自衛隊は災害出動が最も期待され、防衛出動への期待は憲法的制約や戦争の歴史が深い教訓となっていることもあって、今日においても自衛隊支持理由の第一に挙げられているのは災害支援です[2]。そうした現実も手伝った防衛省関係者や防衛力整備拡充に奔走する政治家や支持者たちのなかに「防衛外交」や「軍事外交」という用語を実質化したいとする思いが潜在していることも間違いないでしょう。

果たして「防衛外交」や「軍事外交」が理論的には研究や議論の対象とはなり得ても、現実の日本政治のなかで許されるだろうか、という問題が残ります。

1　「防衛外交」について、本格的に纏められた最近作に、渡辺恒雄・西田一兵太編『防衛外交とは何か　平時における軍事力の役割』（勁草書房、2021年）があり、本小論もこれを議論の参考としている。戦時＝戦闘、平時＝防衛外交という戦時と平時の防衛力・軍事力の有効活用を論ずることで、アメリカだけでなくイギリス、フランスなどを参考としながら軍事力の役割を積極的に捉えていこうとする論点が強調されている。

2　内閣府政府広報室が、2023年3月6日の記者レクで公表した「自衛隊・防衛問題に関する世論調査」では、自衛隊に関心がある理由として最も多かったのは「大規模災害など各種事態への対応」（53・1％）で「日本の平和と独立を守っている組織だから」が28・9％を大きく引き離している結果であった。これに「国際社会の平和と安全のために活動しているから」（10・3％）を加算しても39・2％となっている。

■政治と軍事の関係から

Q　日本の軍事化が進行しているなかで、それまでタブー視されてきた軍事用語が堂々と使われだしたことも非常に危うさを感じます。

A　「防衛外交」の問題は、大きく言って二つあります。一つは、「防衛外交」の先進国であるイギリスの事例で理解されるように、肥大化した軍隊が平時において、軍事予算の一定額或いは増額を担保するため、戦闘任務以外の任務として外交領域に業務を開拓する政策が採られることです。つまり、平時における組織維持と拡大の方途として外交領域への進出を常時確保しておこうとするのです。これは消極的な外交領域への進出と言えます。だが、そこでの問題は、進出が客観的にみて軍事専門家集団の外交への介入に結果していく可能性が危惧されることです。これは正しくは「防衛関与」

と言われるものです。

二つ目の問題は以上の問題と関連して、関与から介入が恒常化した場合、これは私の造語ですが〝防衛介入〟（defense intervention）が派生することです。私は長年政治と軍事との共存の可否について研究する理論である「政軍関係論」（Civil-Military Relations）を研究課題の一つとしてきましたが、最終的には軍部による政治介入に帰結する実態を、日本だけでなくアメリカ等の事例で追及してきました[3]。そこで得た結論を先取りして言えば、〝防衛介入〟が戦前期日本と同様に軍部の政治介入を現実化し、最後には政権奪取にまで至る可能性を全く排除できないことです。もちろん〝民主主義国家〟日本では、そうしたことは夢のまた夢かもしれませんが。

そう考えざるを得ない事例を紹介します。私は、2016年に『暴走する自衛隊』（筑摩書房、ちくま新書）を出版しましたが、その「第五章　制服組の逸脱行為　自衛隊事件史」において、自衛隊のクーデター未遂計画「三矢事件」（1963年）を取り上げました。それは〝第二次朝鮮戦争〟が勃発したことを前提に、国会を占拠して国家総動員法のような国家統制法を制定しようとする計画でした。また、憲法や法律の縛りを自ら解いて、自衛隊を動かす意図と可能性を説いた、いわゆる「超法規的発言」で解職となった栗栖弘臣統合幕僚会議議長（当時）が「専守防衛と抑止力の保持は併存し難い概念」（『WING』1978年1月号）と主張したこと、さらには、陸自幹部の改憲案作戦問題（2004年12月）[4]、自衛隊の国民監視業務を担う陸自情報保全隊の問題[5]などについて詳細に論じました。

なかでも極め付きは、2015年9月19日のいわゆる新安保法制の強行採決に先立つ前年の

2014年12月17日、河野克俊統合幕僚長（当時）がアメリカ国防総省を訪問し、当時のオディエルノ陸軍参謀総長、スペンサー空軍副参謀長、ワーク国防副長官、グリナート海軍作戦部長、スイフト海軍作戦部幕僚部長、デンプシー統合参謀本部議長、ダンフォード海兵隊司令官らと個別に会談し、新安保法制の早期法制化を約束して帰国したことです[6]。

以上の実例で分かる通り、自衛隊制服組による防衛政策についての具体的な関与、あるいは介入はすでに相当程度始まっているだけでなく、政策実現に極めて重要な役割を演じてきたのです。問題は、こうした〝防衛介入〟を是とするのか、非とするのかの判断が問われている現実に直面していることです。もちろん、憲法上容認されない自衛隊ですが、法律的には存在が容認されてきた組織です。ただ、現在では当時の社会党が「違憲合法論」という、憲法原理を正面から否定するような論法で自衛隊容認に踏み切ったことを起点に自衛隊の位置づけが大きく変わりました。憲法上は違憲だが、国会での手続きを経て存立しているので合憲だとする論法は、法理論を無視した政治論議に堕した発想と言わざるを得ません。

3　纐纈の主著として、『近代日本政軍関係の研究』（岩波書店、2005年）がある。アメリカの政軍関係論を踏まえつつ、政治と軍事の共存は在り得るのかを日本、アメリカ、ドイツ、フランス、イギリス、旧ソ連、中国等各国の事例を俎上に挙げて論及している。

4　この問題については、纐纈「これは〝法によるクーデター〟である　自衛隊幹部改憲案作成事件法」（『世界』第736号・2005年2月）を参照されたい。

5　陸上自衛隊の情報保全隊が国民監視業務や日本共産党、社会民主党などの野党を監視対象として膨大な情報を収集していたことが明らかになった。これについては、纐纈『憲兵政治　監視と恫喝の時代』（新日本出版社、2008年）で戦前期の憲兵との比較考証を行っている。

6　そこでの会談記録「統幕長訪米時における改案の結果概要について」を拙著『暴走する自衛隊』の「第一章　安保法制後の自衛隊　日本防衛政策の新段階」で詳しく紹介している。

■「防衛外交」の是非をめぐって

Q　現在は軍事モードが横溢した日本社会となっている感が非常にするのですが、こうしたモードを払拭し、平和主義の取り戻しのためには、どのように考えなければならないのでしょうか。

A　第一には、護憲の立場を堅持し、憲法9条が示すものは、以上の実例に絡めて言えば、この「防衛外交」や「防衛介入」を許さないとの意味が含意されていること、さらに言えばいかなる軍隊をも許容しないこと、そもそも軍隊に関連する組織や法律などを想定していないことです。以上は護憲の姿勢からは一歩も譲ってはならない判断となります。

第二には、そうした平和憲法が生み出されてきた歴史過程をしっかりと受け止めた場合、二度と加害者にも被害者にもならないと世界に向けて発信し、そこから失われた信頼を回復するためにこそ、平和憲法を護り抜く覚悟を日本人として自覚することでしょう。その覚悟を放棄するに等しいのが「防衛外交」、そしてその過程で派生する「防衛介入」です。

第三には、外交力を担保するものとして防衛力・軍事力が不可欠であるとするは、明らかに誤った思考であることとです。ちょうど、抑止力が軍事的にも非合理的であり、さらに言えば幻想であり、神話でしかないこととも関係する。そのことは本書の第2章で繰り返し強調した通りです。軍拡の連鎖に拍車をかけ、戦争の可能性を高めるだけの抑止力論への依存が、果たして安全保障に繋がるのか、という問題です。抑止力強化により、軍事大国化した国家が戦前期の日本を含め、戦後のアメリカなど侵略戦争に奔走したことは誰もが知っていることです。

ソ連に代わるロシアも軍事大国となり、ウクライナ侵略を強行しているのは、その軍事大国故であり、国内の軍事組織の拡充と政策介入が顕在化したからではないか。防衛力であれ軍事力であれ、力(武備)に担保された外交力は本当の外交力ではありません[7]。軍事力によって、より強力な外交力が発揮されるという立場自体が、外交力への信頼を欠落させた思考に堕している証拠です。それは、軍事力を正当化づけるための方便でしかないと言えます。

こうした問題は、現在、頻繁に登場する安全保障論とも深く関連すします。岸田政権が連呼する安全保障論は、枕に「軍事的」が冠せられるような軍事力によって担保される安全保障論です。それが当然視され、圧倒的な世論や諸政党の論議や政策のなかにも、この軍事的安全保障論が充分な議論も経ないで、独り歩きしている感がありますね。

7　これに関連して田中均元外務審議官は、「強力な外交力のためには、強力な軍事力が不可欠と言うのは暴論であり、全くの間違いです」と喝破している(@tanaka Diplomat. 2022年12月26日付)。

Q　ならばあらためて安全保障とはいったい何を意味するのか、を問わなければならないと思います。何か最初から用意された安全保障論があって、そこで本来検討すべきことが最初から放棄されているように思いますが。

Ａ　本来の安全保障（security）概念は極めて広義の概念であり、そのなかに「国家防衛（国防）」（defense）＝「軍事的安全保障」が含まれますね。そして、広義の概念ゆえに国防は安全保障の下位の概念となります。それで安全保障を思考する場合には、主体・価値・手段が三位一体の関係のなかで一元的に把握され、その延長線上に「政策」が提唱されるはずです。

冷戦時代は、この三位一体の関係が、ある意味で簡潔に語られてきました。例えば、アメリカ（主体）が、自由思想（価値）を、軍事力（方法）によって、世界の主導国の地位（＝覇権）を確保維持しようとし、一方旧ソ連も社会主義という価値を軍事力によって維持拡散しようとしました。その米ソ間の対立を、私たちは冷戦構造とか冷戦体制と呼んできたのです。

脱冷戦の時代に入り、安全保障概念の多元化あるいは拡散という状況が出現します。そこでは主体の多重化、価値の多様化、核拡散による手段の絶対化・高度化という現実に直面することになります。脱冷戦時代における主体・価値・方法の多様化が、現代国際政治における不確実性・不透明性の根源的な理由です。そこから脱冷戦時代状況に即応・対応可能な安全保障概念の再構築が求められています。

Ｑ　お話を聴いていると、あらためて「安全」（security）とは、そもそもいったいどのような概念なのかを原点に立ち返ってみたくなりますね。

Ａ　確かにそう思いますね。これだけ「安全」の用語が安直に使われているわけですから。この「安全」の概念には、本来二つの意味があるとされます。。一つは、「安全である状態」（the condition of being secure）と、二つには「安全であるための手段」（means of being secure）です。但し、日本語では、「安全」と「保障」とを区別して把握されることが多い。いかなる状態を「安全」というかも大きな問題ですが、従来においてはいかなる手段によって「保障」するのかに注力されてきました。そして、securityという場合、「保障」に力点を据えて論じられてきた経緯があります。

元来securityとは、第一次世界大戦（ＷＷⅠ）以後にドイツとの再戦を回避するために起こった安全保障問題（problem of security）の議論のなかで、とりわけフランスがドイツに二度と侵略されないための方法を発想する過程で登場した概念でした。つまり、フランスの安全を保障する枠組みの設定が俎上にあがってきた経緯のなかで登場したのです。そのためsecurity（sécurité）とは、フランス防衛のための「集団安全保障」と同義でした。

その「集団安全保障」論は、国際連盟（ＮＬ）の場で議論されたのですが、国連全体を一個の主体とする集団安全保障体制は実現せず、暫くの時を経て第二次世界大戦（ＷＷⅡ）以後に創設された国際連合（ＵＮ）で「集団安全保障体制」として成立したのです。

■安全保障概念の深淵

Ｑ　そもそもsecurityが「守る」という意味合いを持って登場するのが、１９２０年代半ばから１９３０年代にかけてのこととされるとすれば、これは比較的新しい概念と言ってよいのでしょうか。

Ａ　そこでは軍事的手段が最も重視され、それゆえsecurityとdefenseとの間にほとんど差はないとされました。安全保障とは、状況依存型の概念であり、状況変容によっていかようにでも変化する概念でもあるのです。事実、１９４０年代に入ると戦争形態の総力戦化が顕在化し、社会全体が戦争に動員される事態が進行すると、defenseを職業軍人だけに委ねるのではなく、国民全体を戦争に動員・収斂する必然性のなかで、安全保障論が概念化されます。いわゆる総力戦体制論[8]ですね。

そこでは以下の問題が焦点となります。すなわち、（１）軍事だけに依存しない総力戦への対応、（２）総力戦への戦争形態変化に伴い、既存の戦争指導システムが不十分であること、（３）アメリカの安全を担保するためにはヨーロッパの安全がアメリカの安全であるとの認識が広まったこと、等々。実際に冷戦時代に入り、アメリカのヨーロッパへの関心増大がＮＡＴＯ結成に結果します。同時に平時における戦争指導システムと法体系の整備が進められます。アメリカの国家安全保障法や、国家安全保障会議の設立が典型事例です。

このように冷戦時代を通じて広義の安全保障論は、軍事的文脈を通して議論される傾向の顕在化が見られたものの、米ソ冷戦終焉後は、再び多様な安全保障論（経済安保論や総合安保論など）[9]が俎上にあがります。そして、現在の安全保障論の中心は、軍事的文脈だけからではなく、より広義及び多様な課題に対応する議論が活発となっています。安全保障論に関する従来からの定義は、領土・国民・財産を守ることとする定義です。

しかし、エドワード・コロジェが「最も純粋な安全保障は人間の自由である」[10]と喝破したように、軍事的安全保障に代わる「人間的安全保障」論が今日、議論の対象とされてきたのも注目すべきでしょう。現在、共同テーブルが提唱する「いのちの安全保障」論も、このコロジェの議論を受け継いだものとも言るでしょう。

8 総力戦体制論については、纐纈の『総力戦体制研究』（三一書房、1981年、復刻版『総力戦体制研究』社会評論社、2010年及び2018年）を参照されたい。
9 安全保障論概念の変容については、David A. Baldwin, "Security Studies and the End of the Cold War, World Politics,Vol.48,No.1 (October 1995) など参照。
10 Edward A. Kolodziej, "Renaissance in Security Studies?Caveat Lector,"Internatinal Studies Quarterly, Vol.36, No.4 (December 1992)、参照。

■「安全」は何よって「保障」するのか

Q 少し理屈っぽいことかも知れませんが、「安全保障」とは非常に広義に拡がりを持った概念ということになりますね。

A 確かに理屈っぽい言い回しかも知れませんね。ことに安全保障の定義には、動的定義と静的定義があり、「安全」に焦点化した場合には、コロジェのような静的定義となります。

そこで問われるのは、明確な「安全」の定義と、その「安全」を維持継続するための「保障」論であり、その政策化です。すなわち、「いのちの安全保障」と言う場合、「いのち」を守る手段として、軍事（＝武装化）か非軍事（＝非武装化）の二者択一が迫られ、中間的かつ曖昧な「保障」論は、原理的に存在し得ないと思われます。

強調したいことは、安全保障論は、常に軍事領域と同時性の関係にありますが、今後は軍事領域だけでなく、人権、環境、経済、疫病、犯罪、抑圧、貧困、差別など多領域・総合的領域で派生する課題対応型の議論として設定する必要があることです。とするならば、多領域・総合的領域での課題対応型安全保障論には、むしろ軍事力は不必要な存在となることです。

すなわち、人権の復権と拡充、地球温暖化など異常気象に象徴される環境、恒常的なデフレとインフレで横ブレが激しさを増す経済、現在進行形のコロナ禍に象徴される疫病、見通せない先行きに悲観して起きる凶悪化する犯罪、構造的暴力と一括される抑圧・貧困・差別など、国際社会に通底する諸課題の克服こそ、最大の安全保障の目的とすべきではないか、ということなのです。だとすると、そこに軍事力の活用の機会は益々減りこそすれ、増えることは在り得ないし、軍事力行使によって解決できる課題ではないことに気づくはずです。それでもまだ軍事力の有用性を説く場合に用意される理由は、軍事大国が覇権主義を貫徹するための物理的手段としての戦争、それと呼応する軍需産業界の利益保障でしかない、ということになります。

Q　今日において人類が抱える課題解決のために軍事力を発動した戦争や紛争が、どれほどの役割期待があるのかと問うことですね。言い換えれば戦争の無用性、兵器の不必要性について議論を進めていくべきだと。

A　地球社会が抱える課題解決には軍事力や戦争は無用だけでなく、むしろその課題や矛盾を一段と深刻化させるだけですね。戦争による環境破壊、戦争に巻き込まれて犠牲を強いられ、住居を失い、故郷を追われ、場合によっては死傷の憂き目に遭い、その結果として家族や地域が貧困の極致に追いやられるわけですから。それでも戦争が止まないのは、戦争の主体としての現代国家が孕む問題があるのです。

戦争や紛争など国家暴力が生起するうえでは外交上の行き詰まりがあります。今日、ロシアのウクライナ侵略についても、すでに述べた通り、ウクライナ東部地方の位置づけを暫定的に確定したミンスク合意をウクライナが一方的に破棄したことや、NATO諸国の東方拡大あるいは東方浸透と表現される対ロシアへの圧力があったことは知られている通りです。もちろん、ロシアの侵略行為自体は当然に批判・糾弾されて然《しか》るべきですが、ロシアとの和平外交の行き詰まりの帰結でもある点を看過してはならないと思います[11]。

11　この点については、ロシアのウクライナ侵略の背景を論じた纐纈の『ロシアのウクライナ侵略と日本の安全保障』（日本機関紙出版センター、2022年刊）を参照されたい。

Q　ここまで安全保障の用語が発生し、政治の場でいかなる思惑と意図を持って使用されてきたかを概観して頂いたわけですが、そこに通底するのは、戦争が「安全保障」の用語を恣意的に用いながら、国家防衛の名に依る国家権力の保守・防衛の手段として使用されてきたことですね。

A　そこが大きなポイントになりますね。戦争とは国家防衛という物語を提示しながら、国家権力や権力者を守るためのものではありません。決して国民を守るものでないことは戦争史を追えば理解できることです。戦前日本で言えば沖縄戦の実相やソ連軍侵攻に慌てた関東軍将校たちが我先に本国に逃げ帰った歴史事例など枚挙に暇がありません。関東軍将校であった草地貞吾氏が戦後になって「住民保護の如きは二の次である」と本音を書いていますね（『関東軍作戦参謀の証言』芙蓉書房、1979年）。軍隊は国民を守らないことは歴史が教えていることなのです。国家防衛はあっても、国民防衛とか市民防衛、人間防衛という概念が不在なのです。それゆえ、安全保障を自由・人権・民主、そして「いのち」と健康を保持するため、国民が主体となって構想し、実現する対象として安全保障を再定義する必要があろうかと思います。こうした意味で「いのち」を護る意味において「いのちの安全保障」、その手段としての「非武装中立」、あるいは「非武装・非同盟」の提唱と、その説得的説明が不可欠となってくるのです。

(2) 非武装中立・非同盟政策を再定義する

■なぜ、非武装・中立論なのか

Q そこで次に非武装・非同盟政策の実現に向けて議論と確認すべき諸点に触れて頂きたいのですが。

A 日本の安全保障は、日米安保体制・防衛力整備・外交努力の三本柱で構成されてきたと歴代の政権は説明してきました。日本の国家・国民の安全のために安定化が不可欠であり、それを担保するものが「抑止力」とするメタファー（比喩）で物語化されてきました。そのことを本書では「抑止力神話」と表現しました。歴代の日本政府は、安全と危機を自在に使い分けて、希求するものと排除するものとの分かりやすい言語を通して世論を繋ぎ止め、結果として自衛隊強化への反発を回避し、そのことによってアメリカの防衛強化要請に応えてきたのです。現在もその流れは一貫しており、かつ最大化されています。その証左としての防衛費増額や反撃能力保有となって政策化されようとしているわけです。

換言すれば、武装によって「安全・安定」を確保できるとの確信（正確には疑似確信）を前提に、「武装による」を軍事用語としての対処力ではなく「抑止力」の名で説明し、世論の同調を促す手法です。それゆえに、このメタファーの虚構性を剥ぐと同時に、「武装によらない」、つまり抑止力という〝神話〟に頼らない安全の確保の具体的方針を提起するのが、私たちの安全保障論となるはずです。

その解答が「非武装」による安全確保の方針提起であり、国際政治における軍事力を根底に据えた同盟ではなく、全方位友好関係の樹立を目途とする中立政策です。これこそが「非武装中立」論の基本原理となります。

大事なポイントですから何度も繰り返しますが、武装力では、むしろ私たちが遭遇している、人権、環境、経済、疫病、犯罪、抑圧、貧困、差別などには対処できないことは明らかです。ならば、政府が指摘する中国の軍拡や海洋進出、朝鮮のミサイル発射実験への対応はいかにするのか。それこそ軍事力ではなく、外交力を発揮する問題であり、それ以外の方法はないのです。

Q　非武装中立・非同盟の路線を仮に現実化した場合、中国やロシアそれに朝鮮など、世論にお

いて脅威対象国とするムードが強い諸国との向き合い方が問題となってきますね。

Ａ　実は中国や朝鮮のそれも、軍事問題ではなく政治外交問題なのです。中国の国防予算がおよそ32兆円に膨らんでいます。恐らくこれまた中国軍拡の証拠とばかり、自衛隊拡充正当化の口実に頻繁に使われることでしょう。しかし、中国の軍拡理由は二つ。一つは石油や小麦など工業・食料資源の輸入ルートとしての海洋の確保、もう一つは対中国包囲戦略を採るアメリカへの対応、中国国内の軍需産業の利益確保、中国共産党の強固な物理的基盤の確保拡充などの理由であって、〝第二次日中戦争〞を予期してのことではないと断言できましょう。

朝鮮の軍拡も対米交渉の道具としての軍事強国路線に奔走しているからであって、日本攻撃の意図も能力も不在です。韓国を含め、中国と朝鮮とも数多の歴史問題を抱えており、歴史和解が急がれるべきですが、それは外交交渉というソフトパワーの発揮でしか解決不可能であることは論を待たないと言えます。

■非武装中立・非同盟の原理

Ｑ　日本に限らないのですが、世界には軍事力信仰のようなものにますます拍車がかかる状況ですね。なにゆえそうした信仰が強まる一方なのでしょうか。

Ａ　一つは現代国家が国家としての体裁を保ち、存続させるためには思想やイデオロギーという不可視のものではなく、可視的な物理力としての軍事力に依存する体質を持ったものが現代国家の本質であることですね。暴力の独占者としての国家は、国家としての統治能力を高めるために軍事力への依存を高めるばかりです。

アメリカが年間およそ120兆円の軍事費を計上するのは、軍需産業を潤すためですが、より本質的な問題は国際社会における覇権を貫徹していくためです。そこでは軍事依存傾向は高まりこそすれ、低くなることはないでしょうね。

それで軍事力の強化が安全を担保すると思考するのは、単なるドグマ（独断、教条）であることを確認すべきです。強大な軍事力を保有した国家は、帝国日本の中国侵略、戦後アメリカのベトナム侵略、パナマ・グレナダへの侵攻、イラク侵攻、旧ソ連のアフガン侵攻、中国のベトナム侵攻（中越紛争）、そしてロシアのウクライナ侵略など、強大な軍事力を侵略や侵攻の手段として用いる事例が数多あります。

同盟も既述のごとく、戦争を呼び込む条約です。軍事ブロックが一国の外交的自立性を棄損し、没主体的に戦争加担を強いられる歴史と、新安保法制成立以後の日本の危険な現状を指摘するのは容易です。いわば、自動参戦状態に置かれていること自体、危機事態の対処を不可能にさせるものです。同盟は軍事至上主義を前提とした軍事ブロックであり、いわゆる「安全」を「軍事」によって担保しようとする軍事大国に共通する安全保障の手法です。

それで非武装中立論とは、同盟の危険性と抑止（力）の虚構性を剥ぐことによって成立します。コロジェの言う「最も純粋な安全保障は人間の自由である」との定義に適合する議論であり、政策化することによる人間の自由獲得の唯一無二の手法です。それは、日本国憲法の思想と精神に合致する議論でもあるのです。

Q　そう言えば、かつて社会党の委員長などを歴任した石橋正嗣は、『非武装中立論』（社会新書、1980年）を著しましたが、それを再読すると1980年代の安全保障論でありながら、今日の世界の安全保障問題を解析するうえで、重要な示唆を与える内容であり続けていますね。

A　冷戦期はソ連封じ込め（1980年代）の時代ですが、新冷戦期は中国封じ込め（2020年代）との相似性を認めざるを得ません。ソ連が中国に代わっただけで、問題設定自体は不変であり、1980年代的状況が、さらに強化されて現在的状況となっている、と言っても過言ではありません。

石橋が強調した「非武装中立」の提唱は、今日一層重要度を増しているように思います。冷戦期も新冷戦期も日本の安全保障は、他でもなく〝アメリカの安全保障〟でありました。今日進められている沖縄・南西諸島の軍事基地化計画が意味するものは、かつて沖縄が本土防衛のための捨て石とされたように、現在はアメリカ本土防衛のために、日本列島全体が軍事基地化されているのです。400発のトマホーク保有も、所詮はアメリカ本土防衛の武備でしかない、と言っても過言ではないでしょう。日本が戦場となる危険性を背負い、日本国民の犠牲を想定したアメリカの対中包囲戦略の要として日本が位置付けられている実態を確認しておきたいと思います。

そこで「経済の安定と国民生活の安定向上を図る以外に生きる道のない日本は、いかなる理由があろうと、戦争に訴えることは不可能だということです」（石橋書、65頁）との言葉の重さを確認するところです。この石橋の言葉は「国民の生活向上こそが最大の安全保障」（バニー・サンダース）

との発言に繋がるものがあります。

さらに石橋は続けます。「われわれは現実と妥協し、既成事実につじつまをあわせることによって平和憲法という貴重な財産を放棄する、ことを拒否しようというものです。あくまでも、これ（憲法の示す道）を追求しようというのであります」（同書、79頁）。そこから読み取るべきは、アメリカの介入を不可避とするような軍事的安全保障政策からの離脱です。そのための選択として、非武装・非同盟政策の実現しかないと思います。

石橋は「恐怖の均衡か平和友好の拡大か」（同書、119頁）が問われていると言います。すでに40年余前の石橋の発言が、いま私たちに突き付けられているのです。同盟は相手国に脅威を与えるが、中立は脅威の存在とはならない、という確信を持ちつつ、この政策実現を目指すことこそ、私たちの安全保障政策の柱とすべきではないか。

軍事優先の安全保障の危険性と非現実性を学び通し、徹底した軍縮の提唱と実施のなかで、非武装中立・非同盟政策の実現こそが、現在においてますます重要な政治選択であり、政策実現の時代状況にあります。立憲のごとく、「日米安保堅持」が結局は軍事優先の軍事的安全保障に堕していくことは明らかです。そのなかで、アジア地域で緊張を高めているのは、実にアメリカに背中を押された日本自身であるという気づきが求められています。それと一線を画した絶対非戦の立場からする非武装中立・非同盟政策を堂々と主張していくことが、ますます求められているのです。

おわりに

今年1年間は、「安保三文書」の公表前後において、2015年9月の新安保法制制定以来、ロシアのウクライナ侵略戦争もあって、日本の安全保障問題に関る講演や執筆に追われ続けました。じっくり考え、資料を読む時間も形容すれば〝立ち読み〟か〝立ち書き〟状態が続きました。それでも講演のためのレジュメ作りや資料提供には時間を惜しむことはなかったように思います。いくつかの講演もテープを起こして講演録を作成頂いたりして、それを読み返す機会にも恵まれました。

本書の企画は、今年2月、大阪講演の折に日本機関紙出版センターの丸尾忠義さんから直接お話頂いた時から温めていたものです。その約束をとにかく果たせたことを嬉しく思っています。昨年出版した『ロシアのウクライナ侵略と日本の安全保障』（日本機関紙出版センター）の続編をとの提案に一つ返事で応ずることはできたのは、そうした講演録やレジュメがあったからです。もちろん、講演でのテーマは安全保障問題だけではなく、歴史認識問題や天皇制、国家論ファシズム思想の問題など多義にわたっておりました。そうしたものの全てを本書に収めることはできませんでした。

いずれにせよさまざまな言論空間のなかを歩き回るなかで、思い立ったことをその都度記録して伝え合う関係性を大切にしたいと思っているところです。

そうした私の思いを前著についで汲んで頂き、続編の出版を担当頂いた日本機関紙出版センターの丸尾忠義さんには、この場を借りて重ねて御礼申し上げたい。ありがとうございました。

また、前作に続き装丁画と挿絵は実兄の纐纈君平に依頼しました。なかなか会えず、専らラインでお互いの近況報告やら愛犬・愛猫の写真を送り合っていますが、時折時事問題についても真剣なやり取りをもしています。あらためて感謝の意を伝えます。

ところで、本書の初校を待っている間に、再び世界を震撼させる事件が起きました。2023年10月7日にパレスチナのハマスがイスラエルに向けて大量のロケット弾を撃ち込み、1400名余りの犠牲者を生み出した。加えて200名余りの人質をも連れ去ったという。イスラエルは報復としてハマスの壊滅を目指し、自衛権行使の名の下にパレスチナのガザ地区への空爆と地上侵攻を開始。1万人を超える犠牲者が出ています。事実上の〝戦争〟です。だが、イスラエルの自衛権行使は、明らかに限度を超えていて、国連憲章は、確かに自衛権行使を認めてはいるが、行使が無限であるとは明記していない。寧ろ制限をかけています。その意味でイスラエルの行動は、既に国連憲章の規定をも無視したものであり、当然ながら国際社会から怒りと批判を浴びているのが現実です。

イスラエルとパレスチナの問題には大国の都合によって翻弄され続けた両者の深刻な問題が横たわっていることは知られている通りです。直ちに停戦と、それを機会にイスラエルとパレスチナ自治政府との共存・共生の道を当事国だけでなく、イギリスやアメリカが率先して提示することが求められてはいないでしょうか。

ロシアとウクライナとの戦争と同様に、この二つの戦争には、一方はロシアの、他方はイスラエルというウクライナやパレスチナからすれば強大な軍事力によって、自らの政治目標を達成しようとする危険な意図が透けて見えます。この二つの戦争だけではないが、戦争は次の戦争を用意するものです。戦争という人間にとって最大の人権侵害をもたらす暴力の連鎖を断ち切る術を私たちは一層懸命に探し出さなくてはなりません。これは決して他人事ではないのです。

2023年11月

纐纈厚

【本書に関連する纐纈の最近の論考】

- 「安保法制成立以後の自衛隊と安倍政権―新しい安全保障論を求めていくためには」（『経済』「特集「安倍軍拡」、新日本出版社、2019年8月号）
- 「「台湾有事」への日本の参戦を許すな！」（『百万人署名全国通信』第289号・2021年12月1日）
- 「自衛隊国軍化と国家緊急権導入の危うさ」（『月刊社会民主』第804号・2022年5月）
- 「安倍国葬の危険な罠　新たな精神・思想動員が始まった」（『思想運動』第1080号・2022年9月1日）
- 「国葬を許すことは日本国家の右傾化を容認すること」（『図書新聞』第3560号・2022年9月4日）
- 「アジア版NATOへの道を批判する」（『関西共同行動ニュース』第92号・2022年10月8日）
- 「〝日中経済戦争〟を許してよいのか」（『月刊社会民主』第810号・2022年11月）
- 「深刻化する米中対立と「安保三文書」改訂問題」（『科学的社会主義』第296号・2022年12月）
- 「戦後版「新国家総動員」体系が顕在化している日本」（『月刊 マスコミ市民』第647号・2022年12月号）
- 「安保三文書」批判―拍車かかる戦後版国家改造計画の危うさ―」（『天皇制問題情報センター』第212号・2022年2月6日号）
- 「戦争の危機煽る「安保三文書」を徹底批判する」（『月刊憲法運動』第520号・2023年4、5月）

・「「安保三文書」改訂と軍事大国への道」(『経済』２０２３年2月号)
・「今こそ非武装中立・非同盟政策の提唱を！」(『コンパス21』第26号・２０２３年7月)
・「戦争招く抑止力依存を批判する」(『月刊　社会民主』第３２９号・２０２３年9月号)
・「安保三文書と日本の安全保障」(『国際武器移転史』第16号・２０２３年9月)
・「アジアの尊敬と信頼をなくす日本の軍拡政策」(『月刊　マスコミ市民』第６５６号・２０２３年9月号)
・「歯止めなき軍事国家日本を憂う」(『治安維持法と現代』第46号・２０２３年10月)

【参考資料】

二〇二三年六月一日午後　参議院財政金融委員会での纐纈参考人陳述

明治大学国際武器移転史研究所客員研究員の纐纈厚と申します。本日はこのような場で陳述の機会を頂き、御礼申し上げます。

先ほども黒江参考人（元防衛省防衛事務次官）もお触れになりました戦略三文書、私は安保三文書と呼ばせていただきますけれども、この問題点につきまして、これは言わば〝そもそも論〟になるかもしれませんけれども、五点ほどお話し申し上げ、その後で防衛財源の問題、そして、我が国が向かわなければいけない安全保障の本来のあるべき姿はどこにあるのかといった問題につき、お話をさせていただきたく存じます。

まず、安保三文書について、五点ほど批判的な立場から、その問題点に触れさせて頂きます。

先ず一点目ですが、今回の三文書におきまして特徴的なことは、中国への敵視認識というものが非常に明々白々に、ある意味では赤裸々に語られたこと、これであると思います。早速、中国を始め近隣アジア諸国は、これに対する懸念の表明を繰り返しております。

私は、中国という国との関わりというのは、経済関係含めまして大変に重要な問題だと思っております。現在、中国のGNPは凡そ二七〇〇兆円に達しており、世界第二位のアメリカが凡そ二二〇〇兆円ですので、約五〇〇兆円もの差を付けている超経済大国になりました。

何も超経済大国だから中国との交流を進めるという意味ではなくて、それだけ大きな経済的な力量を持っているわけですから、日本の第一の貿易相手国でもある国を敵視することは、同時に我が国民の経済力、生活力を阻害しかねないと思います。なので、私は中国に対する敵視論というのは根本的に間違いだと思っています。

次に二点目には、軍事ブロックへの参入の問題でございます。

日本は日米安保、いわゆる日米同盟のみならず、AUKUS、QUADなど多国間軍事ブロックへの参入が続いています。また、この度は準NATO諸国入りすら検討されているとも聞いております。

このような軍事ブロックへの参入というものが、戦前の事例を追うまでもなく、世界に紛争の種をまきかねないという意味で、私は軍事ブロックではなくて、平和ブロックを創るべきだと繰り返し説いてまいりました。

国際社会には様々な問題が山積していますが、その解決方法はいろいろございます。けれども、安保三文書が示すところは、国際的な様々な事象に対して軍事的に対応する、つまり軍事には軍事をという、そういう文脈の中で国際秩序を是正しようとしている。このことは根本的に誤りだと思っております。

続いて三点目に、私は長い間、軍事史研究者として国家総動員体制史を研究してまいりました。それとの絡みでいえば、安保三文書に示された内容には国家資源の防衛力への集中ということが、繰り返し強調されていると思います。

人材も資金も物資も防衛のために一元的に集中するという、その方針が果たして我が国のこれからのことを考えた場合、本当に採るべきスタンスなのかどうか、ということです。これはもう十分に吟味しなければならないというふうに思います。国家総動員体制というものが、戦後バージョンでつくり替えられようとしているのではないか、という大きな懸念を持つものでございます。

さらに、四点目でございます。

戦前のいわゆる国防三文書、帝国国防方針、国防に関する兵力、帝国軍の用兵綱領というものが一九〇七年、明治四十年に策定されました。ちょうど日露戦争後三年後でございます。以来、三回ほどこれが改定されまして、一九三六年、つまり盧溝橋事件の前年に戦前最後の国防三文書が改定されました。

国防三文書とは、日本はあくまで戦争によって、この国力を世界に発揮していくという前提で書かれた公文書でございます。それと同じような基調で書かれたものが、安保三文書ではないかというふうに思います。

やはり、戦前の国防三文書も、仮想敵国として帝国海軍はアメリカ、帝国陸軍はソ連と明記されました。アメリカ、ソ連という世界最強の海軍大国、陸軍大国を敵視することによって、軍拡に次ぐ軍拡によって軍事力が膨らんでしまい、最後はその軍事力を使って、取り返しのつかない侵略戦争に走ってしまった。そのことを歴史の教訓とするならば、国防三文書書と同様に、安保三文書も将来に禍根を残しかねない公文書だと私は思っております。

最後の五点目に、統合司令部設置という話が出てまいりました。もう随分前からこういうものが検討されていることは、民間人の私もよく承知しておりました。

その統合司令部というのは、一口で言えば、戦前でいうと大本営、つまり、帝国陸海軍を一元的に統制、作戦運用するという、そういう統合機能を与えられたものが大本営だとするならば、この統合司令部も大本営に類似したものであり、新しい戦争指導部が構想されているように思います。このことによって、戦える自衛隊としての組織を整え、戦える防衛力を整備しようとするものだと思います。けれども平和国家日本が、そのような戦争指導部を形成することのプラス面とマイナス面を勘案した場合、どの選択肢が平和国家日本として相応しいのか、きちっと考えておかなければいけないだろうというふうに思います。

続きまして、防衛費増額の問題でございます。

これは再三議論されておることでありますから、目新しいことは特段ございませんけれども、ひと言この場で申し上げたいことは、先にも述べましたが、これだけの防衛費の増額が逆に外交力の柔軟性を欠く要因となりはしないか、とう言うことです。戦前の事例のように、日本がいつも防衛力という名の軍事力を背負って外交を展開するということは、やはり外交力を十全に発揮することなく、むしろ軍事力が表に出てしまう可能性があります。軍事力を背負った外交力の展開となりますと、外交力を高めるのではなく、柔軟性を担保された外交力こそ本来の外交力であるべきが、これができなくなるという懸念を持ちます。

そのことに関連して、研究者の間では「防衛外交」という用語が盛んに使われだしていると聞いております。防衛力と外交力を一体化して、諸外国に対して圧力を掛けつつ、外交力を発揮していくという考え方でございます。これが果たして本来のあるべき外交力の展開か、私は大変疑わしいというふうに思っております。

真ん中のグラフを御覧ください。これは日本の経済力が、相対的に劣化の一途を辿っていることを示したグラフでございます。

御案内の通り、日本は経済的に相対的に見れば劣化状況にあります。今年前は、世界のGNPに占める日本のGNPは何と一六%、ひところは「一割国家」とさえ言われましたが、十年後の現在におきましては、世界に占めるGNP比率が一〇年前と比べて一〇%ダウンの六%となっています。こういう経済の劣化状況下で、これだけ大きな防衛予算を計上するということに対し、多くの国民や有権者は、やはり疑問に思っているのではないか、と思う次第です。

続いて、上から三番目の表を御覧ください。

この表が示していますように、在日米軍の人数が世界で一番となっています。二〇二一年三月現在で五万五二九七人と記録されています。

これが恐らく今後も財政の逼迫に拍車を掛けるのではないか、というふうに思えてなりません。そういう意味でも、過剰なまでの防衛力の強化が日本の貧困化に帰結してしまうのではないか、という恐れを抱きます。

さて、最後に自立した日本の外交防衛政策は、いかにあるべきかにつきまして何点か申し上げたいと思いますが、時間の関係で一つだけに絞って御話したいと思います。私が一番に申し上げておきたかったところですけれども、それではどうするんだと言うことです。ある意味ではリアリズムに反して、理想論ばっかり言っていいのか、という反論は当然出てまいります。そうした御意見に対し、防衛力強化のために日頃尽力されている方々に敬意を表しつつも、日本の安全保障を担保するための抑止力強化、向上という言葉が繰り返し出てまいりますことに大変に疑問を抱いております。具体的な事例を取り上げてみます。昨年、二〇二二年二月二十四日、ロシアによるウクライナ侵略戦争が始まりました。ロシアの侵略の要因をどこに求めたらよいのでしょうか。私の見立てはこうなんです。アメリカを中心とするNATO諸国、もう現在三十か国近くなりました。強大な軍事力を対ロシア抑止力として欧州に備蓄、配置しておりました。それでも結局のところ、ロシアの侵略を防げなかったのはないか。それは一体何故だったのでしょうか。ここはやはりしっかり踏み止まって考えておかなくてはならないと思います。私が申し上げたいのは、幾ら強大な抑止力を蓄積しても侵略は止められない、止められなかったという歴然たる事実をどう理解するのか、が問われていると思います。

日米安保があったればこそ、例えば中国や朝鮮の侵略を受けなかったと説く方もおられます。果たしてそうでしょうか。そうではないと思います。確かに中国の戦略を見ますと、二〇一九年度版の中国の『国防白書』には、中国語でありますけれども「战略威慑」の用語が記載されています。「战略威慑」とは、日本語で「戦略的抑止」と訳します。「威慑」は、敢えてカタカナ表記をすれば「ウェイシェ」と発音しますが、これをより正確に訳しますと「威圧」、プレッシャーですね、軍事力によるプレッシャーを意味します。つまり、中国もある意味では強大な軍事力を保持して、言うところの抑止力を高め、防衛体制を固めつつも、経済力を中心とする覇権政策を貫徹しようとしていると思います。ということは、中国も抑止力に依存している、と捉えられます。そして日本も安保三文書に示されたように、抑止力に依存しようとしている。つまり、日中間で相互抑止が働いて中国の軍拡、そして日本の防衛力増強という名の軍拡、つまりお互いに軍拡のスパイラル、負の連鎖にはまり込んでしまっている。そのことをどう捉え返すのか、ということだろうと思います。私は、必要なことは反撃能力を持つことではないと思います。

本日、参考人として御出席の元防衛事務次官黒江哲郎氏が本年一月十三日付の『毎日新聞』のコメントにこう書かれております。「日本が仮に反撃能力を持たないと宣言しても彼らは軍拡をやめないだろう」と、その通りだと思います。黒江氏のコメントの内容は、まさに合理的かつ論理的です。そこから導き出すべき解答は、反撃能力を保有することではなくて、抑止力に頼らない防衛力の構築、あるいは安全保障政策の構築というものが求められているというふうに私は思います。確かに黒江氏の御指摘の通り、反撃能力保有を放棄しても中国の軍拡を阻止できないかもしれませんが、肝心なことは反撃能力の保有が、中国の軍拡に一段と拍車をかけてしまうことです。それゆえ、反撃能力保有は、日中同時軍拡を誘引することになるのです。中国にこれ以上軍拡の口実を与えてはなりません。反撃能力の放棄を決断し、日中同時軍拡のレベルダウンに資するべきです。

それで相互抑止関係の清算の方途を紡ぎ出す必要があります。その一つの方法としては、学会では一方的軍縮とか同時軍縮とか、そういう新たな軍縮論も様々な形で議論されております。優先すべきは、反撃能力の保有ではなく、交渉促進のための方途を紡ぎ出し、それを実行する意欲である、このことを重ねて申し上げたい。

そして、もう一つ付け加えさせていただくならば、今、核抑止の問題が様々な場で語られていると思います。議員の先生方も、核抑止というものが必要である、とお考えだと思います。しかし、こういう問題もございます。ロシアがウクライナに侵略した理由の一つとして考えられるのは、核抑止という均衡、いわゆる安定が得られたので通常兵器で侵略しても核兵器による報復は起こり得ない、と判断したかも知れないのです。つまり、核抑止という考え方が逆にロシアの侵略戦争を呼び込んだのではないか、と思います。核抑止力による均衡や安定が、不均衡や不安定を、つまり通常兵器による戦争を呼び込んだと言えます。

これをアメリカの政治学者で安全保障研究者であるグレン・スナイダーは、「安定と不安定のパラドックス」と表現しました。そういう意味でいうと、抑止論というのは、核抑止であれ通常兵器による抑止であれ、これは大変危険な選択肢だというふうに思いますし、日本国民のみならず、アジア諸国民をも多大な犠牲を強いる可能性のある考え方だと私は思っております。

そういう意味で、これからの日本の安全保障の在り方は、抑止力に依存するのではなく、換言すれば、抑止力というある意味では神話に依存するのではなく、そこから脱却して新しい交渉力や外交力を身に付け、それで日本の未来を切り開いていく、このことが最も問われていると思います。諄《くど》いようですが、核抑止力による均衡や安定が不均衡や不安定、つまり戦争を呼び込んだと言えます。抑止力は結局のところ戦争を誘引するのです。それでも膨大な防衛費を計上することになれば、貧困化というものを導きかねない。これは大変な問題でございます。今真剣にこの法案を審議されている先生方を前に申し上げるのは、大変失礼な物の言い方かもしれませんけれども、無駄とは言いませんけれども、余り有効ではない力を蓄えるために貴重な財源を計上すること自体、果たしてどうなのかなというふうに思います。以上でございます。ありがとうございました。

【著者紹介】
纐纈　厚（こうけつ・あつし）
1951年生まれ。一橋大学大学院社会学研究科博士課程単位取得退学。現在、明治大学国際武器移転史研究所客員研究員、山口大学名誉教授（政治学博士）、東亜歴史文化学会会長、植民地文化学会代表理事。この他に全国革新懇談会代表世話人、共同テーブル発起人、「重慶爆撃を継承する会」、「中国文化財の返還を求める会」の共同代表など務める。
著書に『ロシアのウクライナ侵略と日本の安全保障』（日本機関紙出版センター）、『近代日本の政軍関係の研究』（岩波書店）、『日本政治史研究の諸相』（明治大学出版会）、『「日本は支那を見くびりたり」―日中戦争は何だったのか』（同時代社）、『日本はなぜ戦争をやめられなかったのか』（社会評論社）、『日本降伏』（日本評論社）、『侵略戦争』（筑摩書房・新書）、『戦争と弾圧』（新日本出版社）、『戦争と敗北』（同）、『憲兵政治』（同）、『聖断虚構と天皇制』（同）、『領土問題と歴史認識』（スペース伽耶）、『日本海軍の終戦工作』（中央公論社・新書）等多数。

装丁画、挿絵：纐纈君平

「戦争をする国」日本と反戦・護憲運動のこれから
「抑止力神話」「同盟信仰」の危うさ

2023年12月20日　初版第1刷発行

著者　纐纈厚
発行者　坂手崇保
発行所　日本機関紙出版センター
〒553-0006　大阪市福島区吉野3-2-35
TEL 06-6465-1254　FAX 06-6465-1255
http://kikanshi-book.com/　hon@nike.eonet.ne.jp
本文組版　Third
編集　丸尾忠義
印刷・製本　シナノパブリッシングプレス

ISBN 978-4-88900-289-8

万が一、落丁、乱丁本がありましたら、小社あてにお送りください。
送料小社負担にてお取り替えいたします。